四步营销

提升业绩的底层逻辑

刘志军◎编著

中国铁道出版社有限公司
CHINA RAILWAY PUBLISHING HOUSE CO., LTD.

图书在版编目（CIP）数据

四步营销：提升业绩的底层逻辑 / 刘志军编著 . 北京：中国铁道出版社有限公司，2025. 10. -- ISBN 978-7-113-32450-6

Ⅰ. F713.50

中国国家版本馆 CIP 数据核字第 2025AE9822 号

书　　名：四步营销——提升业绩的底层逻辑
　　　　　SI BU YINGXIAO——TISHENG YEJI DE DICENG LUOJI
作　　者：刘志军

责任编辑：郭景思　　**编辑电话：**（010）51873007　　**电子邮箱：**guojingsi@sina.cn
封面设计：宿　萌
责任校对：苗　丹
责任印制：赵星辰

出版发行：中国铁道出版社有限公司（100054，北京市西城区右安门西街 8 号）
网　　址：https://www.tdpress.com
印　　刷：天津嘉恒印务有限公司
版　　次：2025 年 10 月第 1 版　2025 年 10 月第 1 次印刷
开　　本：710 mm × 1 000 mm 1/16　**印张：**12.5　**字数：**160 千
书　　号：ISBN 978-7-113-32450-6
定　　价：69.80 元

前　言

这是一本能够提升营销效率的书，就像使用下面的三角板能够更有效地绘制相互垂直的线一样，如前图 1 所示。

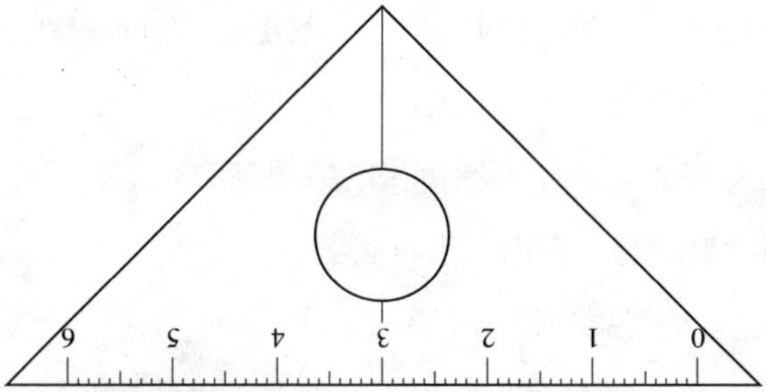

前图1　多功能三角板

使用说明：用传统三角板画两条相互垂直的线时，一般只能先画成一个直角，然后再延长，这很麻烦。我的方法是将位于尺子中部的一根刻度线延长，由于刻度线垂直于尺子边缘，所以这条延长线也垂直于尺子边缘，形成两条相互垂直的直线。作图时，把延长的刻度线与已知直线重合，那么通过尺子边缘画出的线一定是已知直线的垂线，十分方便。

这是我 12 岁（1991 年）时发明的三角板，发表在 1995 年 8 月刊的《中学科技》上。1991 年至 1995 年的四年间，我共想出 300 多个创意想法，其中 59 个投稿《中学科技》，12 个获得发表，2 个获得国家实用新型专利。

我是一名网络营销分析师，同时还是一名程序员。我有 17 年网站转化率研究经验，成功研发的营销型网站系统和用户行为轨迹系统曾分别获得天使投资，相关技术也获得了发明专利（专利号：ZL2012101771290、ZL2016105540344）。基于数据分析技术，这两个系统能精准捕捉用户行为特征，辅助企业实现广告投放优化和页面迭代升级。长期的专业积累使我对各类商业场景保持敏锐洞察，分析广告创意时会推敲定位精准度，优化落地页时会思考用户心理，发现低效广告位时则研究场景适配性。这些经验都揭示出商业本质的共性——所有营销工作最终都服务于客户需求。如果把客户的需求研究透彻了，急客户之所急，想客户之所想，应客户之所需，那么任何情况下的业绩提升都不是问题。在此基础上，我总结出一套可复制的转化率优化方法论，这正是本书的核心价值。

本书的撰写原则与我作为程序员的编码理念相似，具体体现在实践导向、精练高效、普适与可重用三个特点上。

所谓实践导向，就像程序员要把想法变成可执行的代码。一个想法，只有当它能够被分解并实现为具体的代码时，才具有实际意义。基于技术是实现营销转化率提升的基础这一理念，本书力求每个概念都能落地为可操作的步骤，使读者能够迅速理解并掌握。

所谓精练高效，就像程序员在实现功能时，总是力求代码的简洁性。如果一个功能可以用三行代码实现，就绝不会编写五行代码。简洁的代码不仅减少了潜在的错误风险，也提高了代码的可读性和可维护性。本书同样追求内容精炼、化繁为简，避免冗长和复杂，使读者能够迅速掌握其真谛。

所谓普适与可重用，就像程序员在编写代码时追求代码的通用性和复用性一样。重复编写相同的代码被视为效率和能力低下的表现。因此，程序员会不断优化和重构代码，以确保其代码能够适应多种不同的应用场景和满足多样化需求。本书同样注重规则和方法的通用性，旨在为读者提供广泛适用的知识和技能。

本书所介绍的方法均经过实践检验，可直接应用于实际工作。无论你是从事网店销售、短视频营销，还是实体店运营，都无须重新学习相关基础理论，只需结合本书内容稍做调整即可应用，这凸显了本书内容具有极强的可迁移性。甚至一些章节的内容，如汇报、面试等与人交流的场景，也可直接应用，体现了广泛的适应性和实用性。

本书从客户角度出发，系统地介绍了一套适用于网站、短视频、直播和实体店等多种渠道营销增长的通用方法论。全书内容划分为四部分，对应四步营销的四个层级，并提供了 336 个清单检查项。此外，书中还介绍了微信公众号、知识星球、在线学习平台等辅助工具，旨在为读者提供全面而深入的指导，帮助读者在各自营销领域取得成功。

本书采用结论、说明、案例的简洁结构来阐述方法，主要基于以下考量：

（1）便于快速学习。书中每个知识点都力求简明扼要，读者在了解基本概念和方法后，即可通过具体案例来加深理解，从而在短时间内掌握四步营销的关键概念和具体方法。

（2）易于实践应用。根据我多年从事营销工作的经验，在营销工作的初期阶段，掌握少量核心营销知识并将其应用于实践，往往比深入研究大量复杂营销理论更为快捷有效。这种“少即是多”的学习策略，有助于读者更快地将知识转化为技能。

另外，附录中还提供了检查清单、分析工具和实际案例等内容，有助于读者更好地掌握四步营销方法论，并将其应用于实际工作中。

虽竭力打磨内容，但个人能力有限，书中难免存在不足之处，还望大家多多包涵。希望这本书能为您打开一扇窗。

刘志军

目 录

绪　论

一、什么是四步营销

当你逛街时感到肚子饿了，便会去寻找饭店。找到饭店后，你会留意这家饭店是否卫生、是否需要排队等座。接着，你会挑选自己喜爱的美味佳肴。若饭菜味道不错，你或许还会办卡成为会员。这是个很常见的消费场景，其过程包括了本书的主要内容：基础、需求、信任和助推。四步营销从客户视角重构营销流程，将客户购买过程按先后顺序分为四个步骤，分别是：

基础层：让客户发现并认识你；

需求层：满足客户的实际需求；

信任层：建立可靠的品牌形象；

助推层：促成最终的购买决定。

四步营销的价值在于将复杂的营销活动拆解为可管理、可复制、可迭代的步骤。对于中小微企业或个人创业者而言，四步营销是一个低成本、高实用性的营销入门工具。对于成熟企业，四步营销可作为优化客户体验、提升转化率的补充框架。

四步营销包含了很多内容，与传统营销理论的主要差异在于其与消费者决策心理的深度结合。

1. 四步营销与传统营销

20世纪60年代，由菲利普·科特勒在《营销管理》书中完善的4P理论（产品、价格、渠道、促销）是理解营销逻辑的基础。该理论从企业视角出发，即我们生产什么产品，如何定价，通过哪些渠道销售，用什么方式推广，为企业搭建一套完整的营销策略框架。

四步营销更强调以客户为起点。毕竟，产品好不好用是客户说了算，价格是否合理要看客户是否买单，渠道再广也得触达目标人群，促销活动最终也要赢得客户的认可。说到底，营销效果不是企业单方面决定的，而是由客户的选择和反馈来验证的，想真正做好营销必须从理解客户需求开始。从营销逻辑来看，营销是企业与客户之间的商业行为。传统营销采取的是企业到客户的推送模式，而四步营销是从客户需求出发的拉动模式，如绪图1所示。

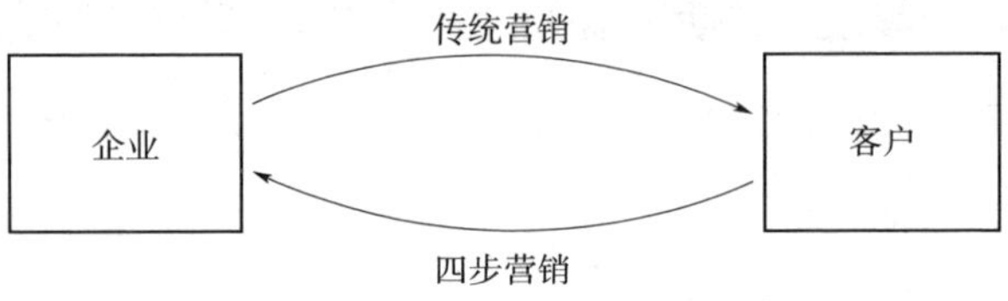

绪图1　传统营销与四步营销的区别

传统营销与四步营销的关系，如绪图2所示。

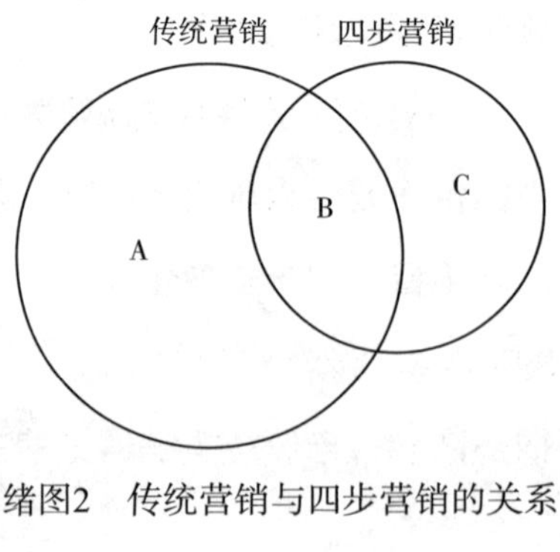

绪图2　传统营销与四步营销的关系

传统营销和四步营销交集的B区域是它们的相同点，如四步营销的基础层是让客户从线上或线下看到企业的产品，对应传统营销就是渠道；四步营销中的满足需求，对应传统营销就是产品；传统营销中的价格分类方法很多，四步营销中也有不同的价格分类方法；传统营销中的促销对应整个四步营销，即基础、需求、信任、助推。A区域是传统营销理论关于企业操作的部分，如品牌维护、渠道建设等内容，这部分内容在四步营销中没有。C区域是四步营销关于客户操作的部分，如客户情绪管理、广告内容制作等，这部分内容在传统营销中较少涉及。

除上述外，传统营销和四步营销还有一个显著的不同就是执行的顺序。传统营销4P没有固定的顺序。例如，可以根据不同的渠道设计不同的产品，也可以先有产品，然后选择不同的渠道销售。四步营销的顺序是严格固定的：当不了解产品时，就不可能产生需求；如果没有信任，就不可能产生购买。

因为四步营销只有四个步骤，为了与传统营销的4P相区别，所以命名为四步营销。

2. 四步营销与销售漏斗的关系

传统营销提升业绩的常用工具之一是销售漏斗模型，如绪图3所示。

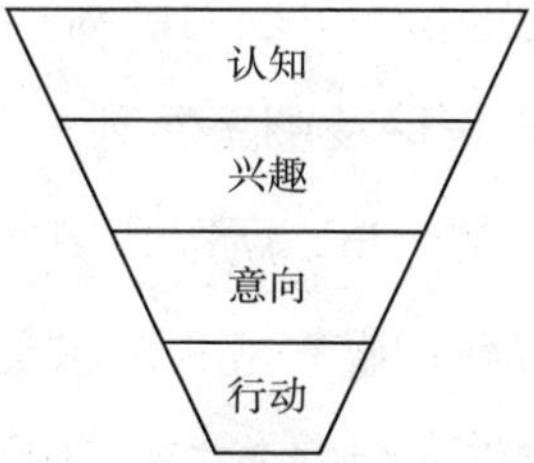

绪图3　销售漏斗模型

转化率公式为

总体转化率=认知转化率×兴趣转化率×意向转化率×行动转化率

销售漏斗的价值在于将传统的转化率公式进行了细分，使提升业绩有了抓手。然而，销售漏斗也存在以下两点不足：

（1）销售漏斗本身也是一个宏观框架，并不能指导具体的实施。因为提升业绩涉及的因素太多，没有一个统一的规范，实际操作起来困难重重。

（2）现实中客户做出决策的时间过于短暂，可能只有几秒钟，无法使用销售漏斗进行细分。

基于上述两个不足，我们需要新的模型来提升转化率。

销售漏斗与四步营销的关系，见绪表1。

绪表1　销售漏斗与四步营销的关系

销售漏斗	四步营销
认知	基础、需求、信任、助推
兴趣	基础、需求、信任、助推
意向	基础、需求、信任、助推
行动	基础、需求、信任、助推
成　功	

我们以在微信朋友圈购物的过程为示例，具体说明如下：

（1）认知。我们在微信朋友圈里看到一个AI（人工智能）学习的广告。因为广告在朋友圈里发布，所以我们才可以看到（基础）。AI是最近比较火的话题，所以我们感兴趣（需求）。同时，因为是在微信平台朋友圈里看到，所以我们认为这个广告是经过微信平台认可的，所以才能在朋友圈里看到（信任）。

（2）兴趣。我们点击这个广告，进入了内容展示页面，看到了更详细的课程说明，还有老师的背景介绍（基础）。课程内容非常详细，能够满足我们的需求（需求）。如老师毕业于哈佛大学，在百度工作了10年（信任）。

（3）意向。我们联系客服（基础），询问开课时间（需求）。客服回答非常专业，让我们满意（信任）。客服说本期名额有限（助推），我们想着赶紧报名。

（4）行动。我们按页面提示进行付款（基础），对方通过微信平台接收付款（信任）。我们发现，同时报两期还有优惠（助推），于是我们报了两期。

综上所述，在进入销售漏斗的任何一层时，都会触发一次四步营销的步骤：基础、需求、信任、助推。整个过程是在完成一个又一个四步营销后，最终实现目标。

二、四步营销的特点

（1）四步营销描述的仍然是营销中常见的内容。例如，传统营销4P理论、马斯洛需求层次理论、设计心理学等，因为营销的方方面面都被人进行了深入研究，很难再有全新的理论出现。但是，这并不意味着四步营销没有其价值。通过四步营销，采用全新的结构整合营销过程，不仅可以提高营销效率，还可以拓展我们的视野。这就好比已经有了镜片和纸筒，我们就可以把它们组合成显微镜，让我们拥有观察世界的全新方式。

（2）四步营销更强调目的，从而避免了把手段当成目的而产生的偏差。例如，很多书对于广告怎么写，有各种各样的方式，让人眼花缭乱。在本书中，只有一个标准，就是能否让人情绪产生波动，如兴奋、震惊、好奇等。有了这个标准，写广告语就相对容易了。例如，我对奥美创始人大卫·奥格威写的一句广告语印象深刻：在时速60英里[①]时，新劳斯莱斯车内最大的噪声来自电子钟。这个广告让我对新劳斯莱斯的静音效果感到震惊。我也想模仿撰写类似的广告，所以给比亚迪仰望U8撰了一句广告语：一辆可以在水上行驶的电动车，关键时刻可以带你脱离危险。

（3）使用四步营销可以更细致地分析。仍以广告为例，可以让我们清晰地看到广告作用的每个细节。例如，在基础层，情绪可以作为判断标准；在需求层，情绪可以激发需求；在信任层，情绪可以增加信任。同一个事物，如果从多个角度分析，洞悉事物的底层规律，确保每一个细节都做好了，整体才会更好。

（4）使用四步营销分析，更容易发现问题。如绪图4所示，我们通常将问题分为容易解决的问题和不容易解决的问题。而容易解决的问题又分为容易被发现的问题和不容易被发现的问题。其实，我们遇到的很多问题都属于容易解决但不容易被发现的问题。例如，广告被遮挡、点击无反应等。使用本书附录给出的四步营销检查清单，对照自己的营销方案从头查一遍，就会找到很多可以提升和改进的地方。

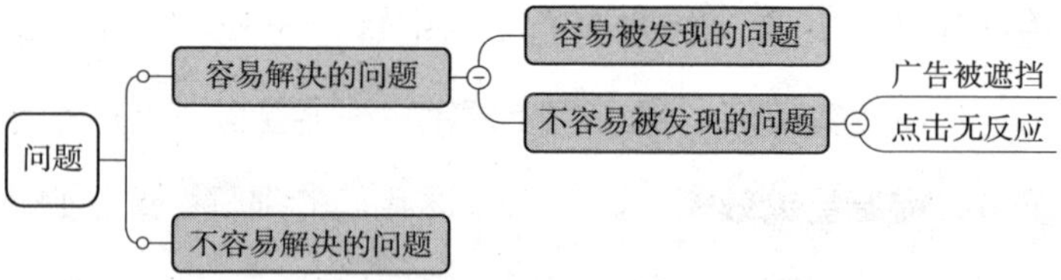

绪图4　问题的分类

（5）四步营销适用面更广。例如，一张名片、一张菜单、一个网站、一次培训、一个视频、一次旅行等，只要涉及客户和产品的一切，

① 60英里：因为每1英里约等于1.60934千米，所以60英里约等于96.56千米。

都可以运用四步营销。

（6）四步营销更适合中小企业。因为传统营销4P理论真正适用于中小企业的方法较少。例如，中小企业产品种类较少，较长时间内不会改变；价格也相对固定，不会频繁调整；投放的渠道也非常有限。他们的营销重点是促销和推广，希望产品能够多卖一些。但传统营销4P理论在促销和推广中的方法论介绍较少。四步营销则全面涵盖了促销和推广中遇到的问题及解决方法。

（7）四步营销的核心流程不会变。我们可以把目光放到1000年前，走街串巷吆喝的货郎和闹市里的店铺，首要做的依然是让人们感受到自己，然后才是满足人们的需求，同时也不断追求成为“老字号”，成为人们信任的商家。100年后，现在的推广手段会有翻天覆地的变化，但四步营销的核心流程不会变。

（8）四步营销更容易学习和掌握。例如，在基础层的感受得到、有效触达、理解吸收、影响情绪，这些步骤都不是新知识，是我们每一次购物时都可能经历的过程，但我们很少留意。学习了基础层的知识后，我们可以在购物时运用。

三、四步营销的应用及模式

根据使用场景的不同，四步营销有两种应用模式：

（1）生成模式。顺序是需求、信任、助推、基础。在设计流程时，由内到外生成整个运营体系。

（2）检查模式。顺序是基础、需求、信任、助推。这是每个客户在行动前的决策过程，按这个流程走下来，可以发现运营过程中存在的问题。本书的结构就是运用了检查模式。

四步营销在实际应用中会有不同的组合模式，但主要有以下四种：

（1）针对不熟悉的产品。顺序是基础、需求、信任、助推。例如，客户第一次打开我们的网店，需要先了解我们的产品是否满足需求，再确认我们是否值得信任，最后才会关注是否有优惠。

（2）针对熟悉的产品。顺序是基础、信任、助推。例如，在淘宝、京东上，当客户已经在列表页找到了满足需求的产品，那么在单品页上就需要先确认店铺是否值得信任，这样才能让客户在这里停下脚步。

（3）针对熟悉的品牌。顺序是基础、助推。例如，多次购买后，向客户推送加入会员的信息。

（4）针对竞争激烈的页面。顺序是基础、信任、助推。例如，在美团饭店列表中，通过打折和优化自我描述，让客户尽快选择自己。

总之，根据实际情况，像搭积木一样组合使用四步理论的内容。

四、四步营销的不足

每种理论都有其适用的场景，离开了这些场景，理论也就失去了用武之地，四步营销也不例外。

四步营销无法指导产品经理如何修改产品功能，也无法帮助市场人员找到目标客户。这就好比装修，工作的目的都是让客户感觉到舒适，但它无法对房屋主体做特别大的改动。

四步营销强调目的性，对手段涉及较少，因为手段会随时代和环境变化，需使用者自行把握。

第一章　基础层

我们先从客户的角度来看，怎样才能让品牌或产品真正被注意到。基础层是整个营销的起点，它决定了你的信息能不能进入客户心里，引发后续互动。而做好基础层其实就四件事：感受得到、有效触达、理解吸收、影响情绪。把这四步都做到位了，后面的营销工作就能顺利展开。

第一节　感受得到

作为人类，我们通过五种感觉来感受世界上的事物，即视觉、听觉、嗅觉、味觉和触觉。换句话说，就是“看到”“听到”“闻到”“尝到”“触到”，以及集合了这五种感觉的“体验到”。对于熟悉的产品，我们还可以“想得到”。

一、看到

大部分时候，我们是通过视觉来观察世界的。“看到”不仅仅是对光线的感知，还包括对形状、大小、颜色和运动的识别等。视觉帮助我们阅读、交流和理解周围的一切。

1. 在现实中被看到

在现实中被看到，意味着我们的行为、成就或品牌、产品、服务在物理空间中得到了展示或被人们认可。这可以通过开设实体店铺、参与社区活动、举办展览、在公共场所进行广告宣传等方式来实现。

1）让更多人看到

这可能是我们成功的第一步。在这个信息爆炸的时代，吸引人们的注意力成了一项关键技能。无论是通过创新的产品设计，还是引人注目的公共活动，我们的目标是让潜在客户、合作伙伴和利益相关者对我们的品牌、产品和服务产生兴趣。

实体店选址的关键：哪里人多，机会就多。选址成败，首先取决于能否接触到足够多的潜在顾客。那么，哪些区域具备高人流特征？以下是六个常见高流量选址方向。

（1）核心商圈与购物中心。大型商场集购物、餐饮、娱乐于一体，自带客流引擎。但需注意，内部人流分布不均：通常一、二层客流最密集；主出入口、电梯扶梯口为必经节点，可视性强；影院入口在晚间和周末人流集中；拐角位置视野开阔，多方向可见，是优质铺位首选。

（2）主干道与步行街区。城市主干道沿线和封闭式步行街聚集大量步行人群，尤其适合快消、饮品、潮流零售等高频接触型业态。临街展示面越大，吸引力越强。

（3）交通枢纽周边。地铁站、公交枢纽、火车站等人流集散地，每日承载大量通勤者与旅客，流动性强。适合便利店、早餐店等满足即时需求的业态，但需考虑停留时间短的特点。

（4）学校及大学周边。年轻学生群体集中，消费活跃，偏好社交、零食、文创、数码等品类。若品牌定位年轻化，在高校或中学附近设点，可有效触达目标人群，尤其适合轻餐饮、自习空间、潮品小店。

（5）旅游景区及景点门口。景区自带客流，纪念品、小吃、拍照服务等业态需求旺盛。但客流受季节、节假日影响大，经营需具备灵活性，且竞争激烈，差异化尤为重要。

（6）写字楼集中区。商务区白领在午休、下班时段产生大量餐饮、咖啡、轻食需求。在此布局快餐、咖啡馆、便利店等，可依托稳定工作节奏形成复购。周末人流则明显下降，需合理规划营业时间。

2）在不同时间被看到

我们在设计店铺位置时，不仅要考虑白天的人流量，还需要考虑晚上的人流量，特别是在冬天，天黑得早，也需要让顾客看到。这样做的好处有以下两点：

（1）增强品牌识别度。店铺的外观是品牌形象的一部分。例如，在不同的时间段可以通过设计元素或照明来强化品牌的视觉识别度，使客户在任何时间都能一眼识别出品牌。

（2）吸引顾客关注。良好的照明不仅能够照亮店铺，还能创造出温馨或高端的氛围，吸引顾客进入店内。此外，发光广告牌也是不错的选择，可以在夜晚清晰地看到上面的内容。

3）与众不同，脱颖而出

与众不同的事物形态能够迅速吸引人的目光。无论是产品设计，还是品牌形象，独特的外观都能使产品在众多竞争者中脱颖而出。例如，有一次我在京东七鲜超市购物时，远远便看到货架上一款独特的饮料，其瓶身设计成墨水瓶样式。这种新颖的包装让我感到好奇，于是购买了一瓶尝试。

在颜色的使用上，亮色系如红色、黄色的组合通常比较醒目，容易吸引注意力，因此很多品牌都采用亮色系作为主色调。然而，随着广泛使用，亮色系被滥用的情况也日益严重。例如，在商业街经常能看到多家相邻的店铺使用相似的配色方案，使原本鲜明的色彩失去了辨识度。这种现象说明，在选择颜色时除了考虑其醒目的特性外，还需要注重差异化设计，只有与众不同，才能真正脱颖而出。真正的品牌识别应该建立在独特性而非跟风的基础上。

4）随时随地都能被看到

我们不知道什么时候会被看到，但我们需要做好充分准备。

这是一个失败的案例：别人送我一个小蛋糕，味道很好，我本想再买一些，但包装上没有任何品牌标识，厂家因此损失了像我这样的潜在客户。

这是一个成功的案例：某食品公司为宣传而出台了一个政策，即员工只要在私家车的车身印上公司Logo（徽标或商标），每月都可以获得公司补贴。

5）找名人代言

名人具有强大的影响力，他们的言行能够影响粉丝和公众的购买欲。企业通过名人代言，可以借助这种影响力让自己的品牌或产品被更多人看到。例如，2009年电动车爱玛公司邀请知名歌手成为代言人，一句“爱，就马上行动”广为流传，也让当年爱玛的年销量及市场占有率一举跃升至市场同类产品第一的位置。

6）走出去

如果店铺客流量不足，可以主动出击，将业务拓展到人流密集的地区。这不仅能提高品牌的曝光度，还能直接接触到潜在客户。

举个例子：奶茶店开在商场三楼，但一楼大厅人流量最大。可以在一楼放一个“招牌试饮小推车”，让人免费品尝爆款饮品，顺便发一张“上楼购买第二杯半价”的优惠券。这样既能“蹭”到商场最旺的人流，又能把客人“引流”到楼上的正式店铺，比干等着顾客找上门更有效。

7）聚集人

组织活动是吸引人群和提升品牌知名度的有效手段。通过精心策划的活动，我们可以近距离吸引目标客户群体，创造互动和参与的机会。

举个三元促销的例子：三元曾在我住的小区举办促销活动，带来了充气城堡和捞鱼池，吸引了一大群孩子来玩。家长们在旁边等候时，自然就会关注三元的产品。这样一来，现场咨询的人多了，当场就卖出了不少产品；最重要的是收集了很多家长的联系方式，后续还能继续联系推销。

2. 在网络中被看到

在数字时代，网络可见性对于品牌的成功至关重要。这包括在搜索引擎中获得高排名、在社交媒体平台上保持活跃，以及通过在线广告和内容营销来吸引目标受众。

1）弥补线下不足

如果我们的实体店没有处在一个好的位置上，那么就需要在网络上被看到。现在大家找餐厅通常是通过美团或地图导航等方式。实体店无论位置好或不好，都需入驻这些网络平台，这样才能够被更多的客户看到。

2）在搜索中被看到

现在的搜索不仅仅是百度等搜索引擎，任何主流的App（第三方应用程序）都具备搜索功能，如抖音、美团、微信等。因此，在搜索中被看到也变得很重要。

（1）让客户能搜到。在搜索引擎中，越是通用的词被搜索的概率就越大，曝光度就越高，选择客户常用的关键词，才容易被看到。例如，十几年前我为一个客户做优化时，发现其网站在“野山参”这一关键词下排名靠前，但流量却很低。我问这位客户，什么是野山参？他说，就是野外生长的人参。我恍然大悟，马上做“人参”的关键词优化。一个月后，网站在“人参”关键词下的排名也跃升至第一，并且流量迅速提升。根据当时百度指数的数据，“人参”搜索量接近“野山参”的5倍。

（2）让客户注意到。在搜索中，我们不仅要关注排名，还需要关注客户看到的区域，因为第一名和第十名获得的关注度差异巨大。如图1-1所示为Google眼动热力图，它展示出在搜索引擎结果中客户的关注区域。图中第一屏最受关注，特别是第一名和第二名，再往下关注度逐渐减弱，而右侧的前两条也容易引起关注。

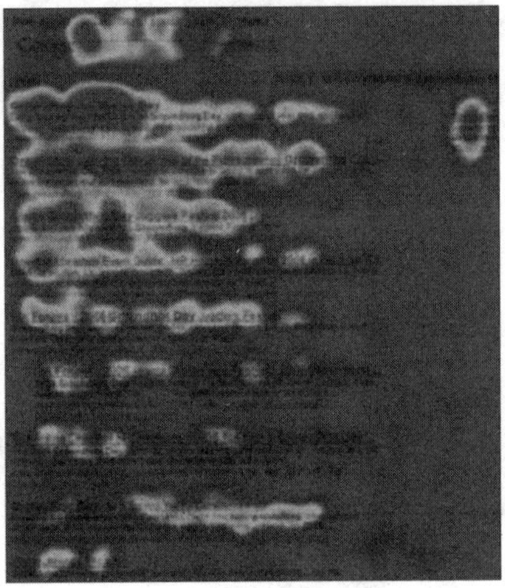

图1-1　Google眼动热力图

3）在直播中被看到

想让我们的产品在直播中被看到，最快的方式就是选择流量高的主播。举个某直播间的例子，2023年“双11”预售的首日，该直播间共上架约400个商品。根据每个商品页面的售价和销量数据初步统计，该场直播的GMV（商品交易总额）为95亿元。再往前，2021年他的直播间带货额是101亿元，直播间场观人数都是1000万以上。

4）在视频列表页被看到

现在短视频App，如哔哩哔哩、快手等都有视频列表，在列表中被用户看到也是我们重点关注的。如图1-2所示的两个视频，哪个能更快地吸引我们的注意呢？

图1-2　视频列表页

显然是左侧视频里加上字幕更容易获得关注，而且文字增加了对比色，更容易吸引我们的注意力。

5）追逐热点

热点的特点是来得快，去得也快，幸运的是热点会一个接一个，若赶上和自己产品相关的热点，人气会迅速暴涨。

借势营销的精髓在于“借”而非“造”。利用现成的巨大流量和关注度，投入相对较小的创意和执行成本，就能获得远超常规广告的曝光和传播效果。借势营销的本质是“顺势而为”，强行关联不如不做，还要注意不可以碰负能量话题。

6）朋友圈广告

很多人都喜欢刷朋友圈，因此很多人选择将朋友圈作为广告投放地。例如，在我的朋友圈中，有人每天更新多条朋友圈内容，从而在人们每次刷朋友圈时都能看到他的内容。如果资金充裕，可以在朋友圈里投放广告。投放方式可按客户画像广泛投放，也可按客户行为进行个性化推荐。

3. 让客户看到他们想知道的

有时候，我们不仅要让客户看到我们提供的，还要让客户看到他们想知道的。

1）看到过程

通常情况下，客户只能看到结果，看不到过程，因而难免会怀疑过程中有问题。所以，让客户同时也看到过程，彻底打消他们的疑虑有时变得很重要。比如选择餐厅吃饭，卫生条件通常是重要参考项，但很多餐厅的后厨都不对外开放，难免会让食客怀疑后厨的卫生情况。西贝餐饮另辟蹊径，把后厨完全开放，客人们可以随时看到后厨的情况。当食客看到洁净的后厨，相信每个吃饭的人都会感到踏实。

2）弥补其他感官的不足

一份美味佳肴，讲究的是色香味俱全。但是传统的菜单，只能在色彩上进行加工，虽然看着让人流口水，但也不敢轻易下单，万一不对口味呢？例如，我妻子在点菜的时候，会经常多问一句："这是什么口味？"显然，仅有图片是满足不了她的需求的。其实做法也很简单，只需要在每个菜品下面增加对特色和口味的描述，不需要太多，一句话足矣。例如，对宫保鸡丁的描述：甜中带辣，鸡肉滑嫩，花生米香脆；对红烧肉的描述：肥瘦相间，入口即化，一点儿也不油腻。这些文字配上图片，在食客的脑海中完整地还原了这道菜的色香味。

我认为在这方面做得最好的当属纪录片《舌尖上的中国》，不仅有精美的画面，旁白也引人入胜。据悉，《舌尖上的中国》播放期间，天猫、京东食品类下单量比平时多几倍。

4. 让客户看到你想让他们知道的

企业通过向客户传递信息，可以塑造品牌形象，建立信任关系，并促进客户对品牌和产品的认知。这些信息包括企业的使命、愿景和价值观，以及品牌和产品的特点、优势和使用案例等。

1）看到有形的一面

企业的有形资产和产品是其品牌形象和市场竞争力的重要组成部分。将这些有形的一面展示给客户，不仅能够增强品牌的透明度和信任度，还能够激发客户的购买欲望。

（1）看到与众不同的一面。逛超市买红糖时，很多人会困惑：配料表里一堆添加剂，到底该信谁？云耕物作这个品牌就抓住了这点，它的红糖在配料上坚持只使用甘蔗汁，不添加白砂糖，这与市场上许多其他品牌的做法不同。为强化这一“特色”，品牌方在包装显眼位置添加“红糖好不好，快看配料表”的提示语，既引导消费者直观判断产品成分，又传递出品牌对产品质量的自信。通过包装语言与产品特质的精准结合，云耕物作成功在消费者心智中建立了“高品质红糖”的品类认知，成为细分市场中的典型案例。

（2）看到产品本来的样子。在当今市场上，许多产品过度包装，掩盖了其真实面貌。企业往往投入巨资聘请专业美工设计包装，以吸引顾客。然而，若产品本身外观就具有吸引力，完全可以简化包装，直接展示其真实外观。这种透明化的包装策略不仅节省成本，还能建立顾客信任，传递出品牌自信和产品本来的样子。

例如，糕点的透明包装设计，不仅提升了糕点的视觉吸引力，也让顾客在购买前能够清晰地看到糕点的样式和品质，从而增加了购买欲望。

（3）看到最佳的状态。在销售产品时，展示其最佳状态是吸引客户的关键策略。这意味着不仅要确保产品本身的高品质，还要通过巧妙的展示技巧来增强其吸引力。例如，要鲜明地强调特定色彩，可以利用加色的方法来加强显色效果。采用低色温光源照射能使红色更加鲜艳；采用中等色温光源照射能使蓝色具有清凉感；采用高色温光源照射能使物体有冷的感觉。要表现物质本来的颜色需使用显色指数（Ra）高的光源，其数值接近100，显色性最好。

2）看到无形的一面

在产品设计和营销中，传达那些不直观但对客户极为重要的特性也是至关重要的。例如，产品的耐用性、安全性、环保材料的使用等。

（1）看到产品属性。产品属性通常只在产品介绍里出现，不易被人看到，现在我们将属性放到产品名称里，让客户更容易看到。例如，糖心西瓜就比西瓜更具吸引力，因为看到“糖心”，人们就会想象出特别甜的样子。例如，从寻乌蜜橘的名称上我们可以知道这是寻乌的特产，而且很甜。

（2）看到隐蔽的能力。有时候，我们的能力被遮挡了，这时需要让客户先看到我们的能力，才有机会和他们对话。

举个例子：我常去北京南站店的南城香吃饭。每当人多的时候，一进门，服务员就会告诉顾客楼上有空位。然而，顾客看到楼下餐厅人那么多，往往就不会进去了，自然也就不知道楼上有空位。如果在门口放一个大屏幕，播放楼上的实时场景，顾客就能通过屏幕看到楼上有空位；或者，在餐厅门外放一个醒目的牌子，上面写着“楼上有位置”。这样，来来往往的人就都知道楼上有位置了。

（3）看到企业文化。价值观作为企业文化的核心，虽然无形，却深深影响着企业的决策和行为。它如同企业的道德指南，引导着员工的行为准则，也影响着客户、合作伙伴和社会公众对企业的看法。一个秉持正直、责任和创新的企业价值观，能够吸引志同道合的人才，赢得客户的信任，建立长期的合作关系。

曾经有一则新闻引发关注：女子为给救护车让路，车被卡在马路牙子上，车企得知后奖励她一辆价值18万元的新车。事情虽小，但通过这件事看到了女子的品德和车企的文化与价值观。有网友评论：这位女士值得拥有一辆新车！也为商家的英明决策点赞。

二、听到

听觉是我们感知世界的重要方式之一，它让我们通过声音来理解周围的环境和情境。从清晨的鸟鸣到夜晚的风声，从悠扬的音乐到人们的交谈，声音为我们提供了丰富的信息和情感体验。在产品设计和营销中，声音的设计同样至关重要，它能够增强客户体验，提升产品的功能性和吸引力。

1. 招揽生意

声音在商业环境中扮演着重要角色，是一种强有力的营销传播形式。从街头小贩的叫卖声到商场的促销广播，这些声音都在无形中吸引着顾客的注意力，激发他们的购买欲望。

我的家在天津，这是一个保留了许多传统生活方式的城市。我经常能听到楼下走街串巷的小贩吆喝声，“磨剪子嘞，戗菜刀……”这种声音拉得悠长且富有韵味，有时他们手中的菜刀相互摩擦还会发出“蹭蹭”的回响，这是人们熟悉的独特吆喝声。

走在热闹的商业街，蜜雪冰城门店不断播放着的那首“我爱你你爱我，蜜雪冰城甜蜜蜜”主题曲，旋律在空中回荡，短短几秒钟就能成功“捕获”路人，让大家不自觉地记住品牌。不少人本来就知道这个品牌，逛街时听到熟悉的旋律，就会留意到“原来这儿有家蜜雪冰城”，顺道就走过去买杯奶茶。

2. 有效沟通

利用声音进行宣传是一种有效的沟通形式，它可以帮助顾客更好地理解和接受。例如，我每次去南城香吃饭，一进门，店内员工热情的问候声便迎面而来：“欢迎光临南城香。饭香、串香、馄饨香。”现在我一想起南城香，耳边就回荡着这些声音。

在知识星球（一款知识社群工具）上，有星友分享了一则案例：通常二维码收款提示音是“支付宝到账××元”，但该星友在用餐时遇到的收款提醒却别出心裁——一个呆萌可爱的熊大声音播放着“谢谢光临，祝您今天好运连连”。这种独特的声音设计，让整个50平方米的就餐区都弥漫着友好和积极的氛围。不仅让顾客付款后心情愉悦，用餐期间不时听到，也为就餐增添了乐趣。

3. 标识符号

某些声音已经演化为品牌的标志性符号，这些独特的声音资产在顾客心中建立了强烈的品牌识别。

英特尔创造了一个标志性的声音标识：在搭载其处理器的计算机广告末尾，短短三秒内响起的“噔噔噔噔”旋律。这个简洁而富有辨识度的音效，成了英特尔独有的品牌符号。客户一听到这个旋律，即使没有视觉提示，也能立即联想到英特尔。

2018年，腾讯QQ的“滴滴滴”提示音成为我国首个正式注册的声音商标，这标志着声音商标在中国知识产权保护领域的重要里程碑。除了“滴滴滴”经典消息提示音，接收系统消息时的咳嗽声和通知好友上线时的敲门声也深入灵魂。

4. 主要受众

驾驶员或许是使用听觉方式的主要受众。开车时，驾驶员只能看路，不能四处张望，否则是很危险的事情。这时候，听广播是一个不错的选择。特别是上下班时间，正是用车的高峰，听广播的人就更多了，在这时候投放交通广播广告会让更多的人听到。

三、闻到

嗅觉是人体最早形成的感官之一，它能唤起人们的情感记忆和反应。在产品设计和营销中，嗅觉的运用可以创造独特的感官体验，增强品牌识别度和顾客的购买欲望。

在1915年巴拿马万国博览会上，中国代表团首次亮相，但其展品因包装朴素而未引起外国客户的关注。面对外国客户对中国展品的忽视，一位中国代表灵机一动，决定通过展示茅台酒的独特魅力来扭转局面。随着“砰”的一声，浓郁的酒香迅速扩散至展厅每个角落。这一意外之举吸引了众多客户驻足品尝。茅台酒的卓越品质赢得了广泛认可，最终荣获金奖，成为世界名酒。这一事件不仅提升了茅台酒的国际声誉，也成了营销史上的经典案例。

再举个例子：我家附近的购物中心3号门成了我每次离开时的首选路径，因为那里有一家散发着诱人香气的巴黎贝甜面包坊。每次路过，淡淡的面包香味总是不期而至，挑动着我的嗅觉神经。这种感官的愉悦往往难以抗拒，我会不自觉地放慢脚步，最终走进店内，挑选几款新鲜出炉的面包。

四、尝到

在产品的营销和体验设计中，味觉的引入是一种强有力的感官营销手段。通过味觉，顾客能够直接体验产品的核心价值和品质。例如，食品企业在超市举办免费试吃活动，让顾客直接品尝新品零食，通过满足顾客的味蕾促进销售；在葡萄酒品鉴会上，参与者在品酒师的指导下细细品味，体验不同葡萄酒的风味和口感，增强对品牌的认知和忠诚度。

五、触到

在产品设计和营销中，触觉体验的重要性不容忽视。顾客通过触摸可以直观地感知产品的质地、材料和工艺质量。例如，在家具零售中，顾客通过触摸家具表面，可以立即感受到木材的温润、金属的冷峻或织物的柔软，这些直观的触觉体验有助于建立对产品品质的信任。“五一节”放假，妻子计划带儿子去沙漠徒步旅行，我们前往附近的商店购买户外用品。在挑选T恤时，我能够明显感受到两款不同T恤的相似之处和不同之处：相同的是两者都柔软，不同的是其中一件偏凉，而另一件则温暖。

六、体验到

让客户通过身体的接触或身临其境的体验来感受产品的反馈，是一种沉浸式的营销策略。有些家居店在这方面做得很好，通过展示厅提供真实的家居用品，让客户在购买前能亲身体验产品在真实场景下的款式、材料、质感、颜色、尺寸等，甚至可以试用产品。

之前我在网上购买过两次机械键盘，但使用后都感觉不合适，于是退掉了。后来去了北京的某品牌键盘线下体验店，亲自试用了多款键盘，总算是找到了打字舒服的机械键盘。

七、想得到

当客户产生某种需求时，每个企业都希望自己是第一个被想到的。为此，企业需要将产品或场景与自身品牌建立强关联。例如，提到空调，消费者首先想到的是格力，因为格力通过广告语“好空调，格力造”成功塑造了这一印象。类似地，提到“可乐”，消费者会想到“可口可乐”；而提到“怕上火”，则会想到“加多宝”。此外，提到送礼场景，人们会想到脑白金的经典广告语“今年过节不收礼，收礼只收脑白金”；提到探望病人，则会想到“看病人，送初元”。

第二节　有效触达

通过前面的介绍，客户能够感受到我们的服务内容，但客户是否能够真正实现有效触达，也是基础层需要解决的问题。什么是有效触达呢？这正是我们接下来要探讨的内容。

本节内容将从避免客观条件、愿意去看、方便交流、真实触达和重复触达这几个方面，详细讲述如何实现有效触达。

一、避免客观条件

客观条件在信息传递过程中起着至关重要的作用，但有时也可能成为客户感受品牌内容的障碍。这些条件包括但不限于技术限制、环境因素、信息过载，以及客户的可接触性。下面我们以线下和线上为例，讲解如何有效触达。

1. 线下

线下因受客观条件限制，如时间和位置因素，都会对客户体验产生显著影响。

1）时间因素

为了让客户能够看到完整的广告内容，我们需要根据客观条件定制具体内容。如图1-3所示为高速公路路旁的一个广告牌，当汽车行驶时速80公里或以上时，司机能看到广告牌上多少字呢？可能只能看清“通话进入高清时代”了吧？而如图1-4所示的广告效果就比较好，简单直接，扫一眼就能记住这个品牌。

2）位置因素

确保广告位置处于视线范围内是提高广告效果的关键。如图1-5所示，我家楼下的踊溪艺术广告，我们从不同方向、各个角度都可以看到正面展示的广告内容，不用担心会错过。

再举一个很常见的例子：细心观察会发现一般矿泉水瓶子的正面和背面都印有产品名称，无论怎么摆放，顾客都可以清晰地看到产品名称的大字。

图1-3　没有足够时间看完全部内容

图1-4　一目了然看完全部内容

图1-5　从不同角度都可以看到踊溪艺术广告

2. 线上

在线体验的效果会受到时间、网站性能、设计等影响。

1）有限时间

在有限的时间和空间内，线上广告的内容应追求简洁明了，以确保信息能有效传达给目标受众。例如，一些应用软件的开屏广告只有4秒，广告打开时，我们还没来得及看完全部内容，广告就跳过去了，再想回看广告，就找不到地方了，广告效果会大打折扣。

2）增加字幕

线上许多视频和直播缺乏字幕，这在一定程度上限制了观看体验。例如，在地铁车厢、公交车等嘈杂环境中，即使佩戴耳机也可能听不清楚，而调高音量又可能损害耳膜。添加字幕能够提升观众对视频内容的理解，尤其是在不同环境下观看时。据观察，大多数拥有百万粉丝的博主都会为其视频添加字幕，这是为了考虑观众在各种环境下的便利性和观看效果。

3）足够带宽

在线观看视频需要足够的带宽来保证流畅的播放体验。带宽越大，数据传输速度越快，用户的体验越好。例如，一些企业网站喜欢放置产品视频，很多还是高清视频，但没有为网站的服务器购买高带宽资源，导致产品视频播放卡顿，严重影响用户体验。

4）匹配环境

内容需要与用户的设备环境相匹配，否则用户看到的就不是我们希望的样子。例如，有些网站最初是为计算机端开发的，但随着手机的普及，却没有针对移动端进行优化。因此，在移动端上访问这些网站时，内容可能会被缩小，用户需要手动放大才能查看，这给用户带来了不便。

还有一种常见问题是，开发者使用的计算机配置较高、插件齐全，因此在网站中加入了大量炫酷的技术，如3D产品展示等。然而，普通用户的设备配置较低，导致这些精心准备的功能，用户根本用不了。

二、愿意去看

要让客户主观上愿意接受内容（以广告为例），通常需要注意以下几个要素。

1. 客户有时间

广告内容是需要客户花时间来阅读的，如果客户没有空闲时间，再好的广告内容也无法打动客户。

1）找到客户的空闲时间

在客户空闲时间让客户看到广告内容，可以提高广告的可见度和接受度。例如，分众传媒的广告位选择就体现了对客户日常行为的深刻洞察。分众传媒成立于2003年，当时智能手机尚未普及，人们在等待电梯时往往没有太多分散注意力的设备，这为分众传媒提供了一个理想的广告展示机会。又如，在餐厅等餐时，顾客通常处于放松状态，此时提供优惠宣传单或电子屏幕上播放促销信息，可以有效吸引顾客的注意力。再如，许多博主选择在晚上8点进行直播，因为这个时间点用户已下班且吃过晚饭，正好处于空闲状态。

2）制造客户空闲时间

创造条件制造客户空闲时间，让客户在这段时间有机会接触产品和广告。在商场里，如果想让顾客能停下来看见我们铺位的广告，可以在铺位附近放置一些休闲座椅，或者设置个性化的垃圾桶等设施。例如，有一些商场，会在门口摆放很多摊位，遮挡了顾客的行走线路，顾客不得不放慢脚步；提供一个专为儿童设计的娱乐空间，同时让家长能够更加安心地享受用餐体验。

2. 吸引人

吸引客户注意力是营销的关键。下面介绍六种能够吸引客户注意力的方法：美、危险、稀缺、与自己相关、重要的放前面、未完成。

1）美

人类对美的追求是天性，帅哥美女往往能迅速吸引人们的目光。这种现象在广告、时尚、演艺等行业尤为明显，利用颜值高的模特或明星来吸引顾客，可以增加品牌的吸引力和记忆度。最典型的就是车展，车展上模特们以其独特的魅力和优雅的身姿，吸引了大量观众的目光。

2）危险

人类对危险事物的敏感性是一种根深蒂固的本能，这种本能源自我们祖先在野外生存时对潜在威胁的快速识别和反应的需求。我之前看过一个工地的案例，大门上新的安全宣传口号是"有妻有子有家庭，没有安全等于零！"真真切切地把严重的后果直白地说出来了，让人不由得浑身打一哆嗦。话糙理不糙，直入人心。很多电视台会发布一些交通安全广告，展示因未系安全带或酒后驾驶而导致的严重车祸场景。这种广告通过展示血淋淋的事故后果，直接触动人们对于生命安全的关注，从而引起强烈的情感反应和深刻的记忆印象。

3）稀缺

人们对新奇事物的好奇心和兴趣往往更为浓厚，这是因为稀缺性赋予了事物一种独特性和价值感。典型的案例是一些品牌推出限量版产品的营销策略。品牌通过限量发售特定版本的产品，创造了一种稀缺感，这种稀缺感不仅增加了产品的价值感，还刺激了客户的购买欲望。

4）与自己相关

人们对与自己相关的事情表现出高度的关注和兴趣，这是因为这些信息直接触及个人的需求、兴趣或身份认同。例如，有小孩的妈妈们通常会对婴幼儿产品特别关注，因为这些产品直接关系到孩子的成长和健康；职场人士对自己所在行业或职业领域的新闻、趋势和发展机会更加敏感，因为这直接关系到他们的职业发展和收入水平；老年人则更加关注与健康相关的问题，因为他们更可能面临与年龄相关的健康挑战。此外，使用"你"这个代词，可以强制让对方进入相关状态。例如，某美妆品牌的广告"你本来就很美"。

5）重要的放前面

把重要的内容放在前面，能够迅速吸引客户的注意力并确保关键信息被优先处理。例如，在阅读《营销笔记》的推荐序时，看到李叫兽的署名，我便认真阅读；而在阅读《峰值体验》的推荐序时，因未署名，我选择跳过直接看内容。后来发现是脱不花所写，因花总推荐，我又重新阅读推荐序。如果当时多翻几页而错过署名，这些内容就有可能会被忽略。因此，署名等重要信息应放在前面。

6）未完成

未完成的事物很容易吸引我们的注意力，因为人类天生有一种完成事情的欲望，这种欲望源自我们对认知闭合的需求。例如，公众号上有个标题“学习营销的六个方法”，当只看到标题，还没有了解到是哪六个方法时，读者就处于一种未完成状态，这种状态会促使他点击标题，然后打开页面阅读内容。

3. 让版式更好看

除了内容外，吸引客户继续看下去的另一个关键要素是版式，这也是营销的关键。要让名片的样式美观，下面通过排版一张名片来进一步阐述，可以遵循以下设计原则。

1）对齐原则

对齐是指将元素相对于版心或其他元素的位置进行调整，使它们在水平或垂直方向上对齐。通过对齐元素，可以创建一种视觉上的连接和一致性，使布局更加整齐和有序。如图1-6所示，文字没有对齐，显得很凌乱。

图1-6 对齐前的样式

如图1-7所示，这是文字左对齐后的样式。

图1-7　左对齐后的样式

2）分离原则

分离是指将不同的元素或组件分开，使它们在页面上保持一定的间隔和距离。通过合理的分离，可以使元素之间的关系更加清晰，避免混乱和拥挤的感觉。如图1-8所示，文字都挤在一起了。

图1-8　分离前的样式

如图1-9所示，为避免混乱和拥挤，按类型不同将信息分成三类：姓名、公司名称、联系地址。

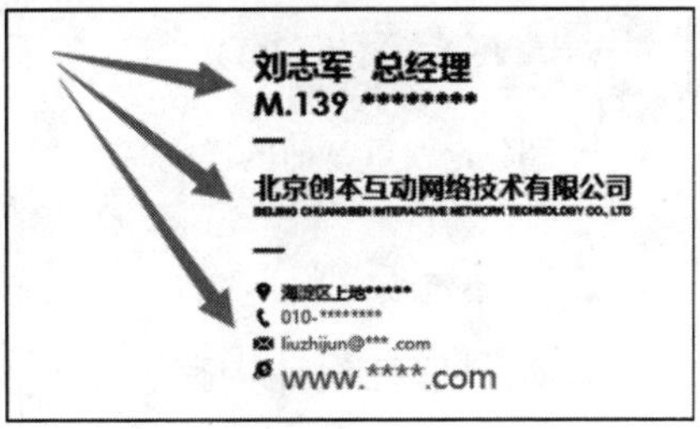

图1-9　按类型分离后的样式

3）对比原则

对比是指在设计中使用不同的元素、颜色、大小或形状，以产生视觉上的对比效果。通过对比，可以突出重要内容、创建重点和视觉层次，增加设计的吸引力和可读性。如图1-10所示，字体大小都一样，没有突出重点。

如图1-11所示，这是对比后的状态。按照重要程度，姓名应更大一些，以突出姓名；职务应小一些；电话号码应更小。

图1-10 对比前的样式

图1-11 对比后的样式

4）重复原则

重复是指在设计中使用相同的元素、样式或图形，以创建视觉上的统一性和一致性。通过重复使用相似的元素，可以建立品牌识别和视觉层次，使设计更加统一和专业。如图1-12所示，文字颜色（深浅）过多，大小不一，显得杂乱。

如图1-13所示，这是重复后的样式。地址、电话、邮箱、网址的字体大小及颜色保持一致。

图1-12 重复前的样式

图1-13 重复后的样式

5）留白原则

留白是指在设计中有意留出空白的区域，不放置任何元素或内容。留白可以提供呼吸空间，增加布局的可读性和可视性，使重要的元素更加突出。如图1-14所示，上方内容过多且喧宾夺主。

如图1-15所示，这是留白后的样式，去掉了上面的文字和背景色。

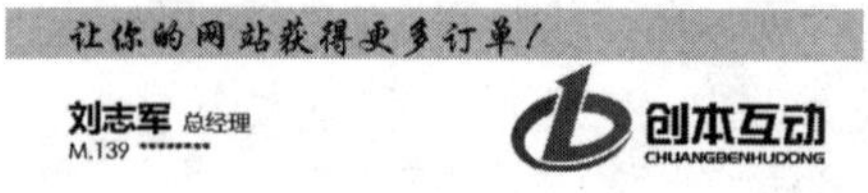

图1-14 留白前的样式

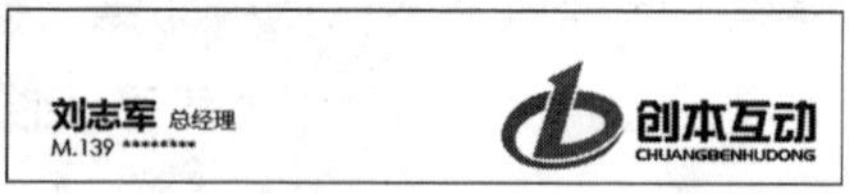

图1-15 留白后的样式

6）降噪原则

降噪是指通过减少不必要的元素和视觉杂乱，使设计更加简洁和清晰。通过去除多余的装饰、冗余的信息和复杂的图形，可以使视觉焦点更加集中，让重要的内容更加显眼。如图1-16所示，名片上的绿色杂色与Logo中的色彩不协调。

如图1-17所示，这是降噪后的样式。圆球图标使用了Logo中的蓝色。

图1-16　降噪前的样式

图1-17　降噪后的样式

经过上述6个步骤，名片全部优化完成。如图1-18所示为最终样式，明显美观多了。

图1-18　按上述原则设计后的最终样式

4. 浏览要舒适

为了确保客户在阅读或观看内容时感到舒适，需要关注以下几个关键要素。

1）正常字体

需要根据客户使用的设备分辨率、观看距离、客户视力情况、阅读时长等条件来设置字体大小。在线上环境中，在计算机屏幕1024×768分辨率下，12像素（即12 px）字体较为合适；在1400×900分辨率下，14px字体较为合适。字体过大，会导致浏览时需要不停地翻页；字体过小，看起来非常费眼。针对普通客户可以使用正常字体，对于老人、近视等视力不好的客户，要适当加大字体。为了方便客户，也可以在网页上增加功能，根据不同的分辨率自动调整字体大小，或让客户手动自行调整。在线下环境中，观看距离决定了字体的最小可识别尺寸，通常远距离观看需要更大的字体以保持清晰度。亮度影响文字与背景的对比度，若环境亮度高，可能需要更醒目的字体颜色和更大的字体大小以确保易读性。阅读时间的长短也会影响字体选择，短时间快速阅读可能更适合大而醒目的字体，而长时间阅读则需要更舒适的字体大小和样式以减少视觉疲劳。

2）内容清晰

清晰的内容设计对于客户体验至关重要，能够显著提高信息的传递效率。通常有三种情况会影响内容的清晰度。

（1）内容模糊。如图1-19所示，可能是摄影师没有调整好焦距，导致拍摄的产品影像很模糊，让客户感觉这家公司的水平也不怎么样。

图1-19 模糊导致看不清

（2）低对比度。有些包装袋由于它的颜色对比度太低，想要看清楚上面的字必须将其放到灯光下，斜着包装，通过光线的反射才可以看清楚。

如图1-20所示，视频截图中的三行文字采用了三种对比色设计，即使在转换为灰度图后，其视觉区分度依然十分突出。

图1-20　清晰的对比色字体

（3）字体太小。如图1-21所示，这个字体太小了，在手机上根本看不清楚。看不清楚就无法了解，不了解就不会购买。

图1-21　字体太小导致看不清

3）突出重点

确保重点内容突出是提高客户阅读效率的关键策略。这通常通过使用不同的字体权重（如加粗或斜体）、颜色高亮、列表项或图标来实现。

图1-22所示是我的网站用户体验分析的产品介绍，扫一眼页面，就可以清晰地看到当前的三个问题：花费高、测试客户少、结论存偏见。当用户被这三个标题吸引时，就会看下面更详细的内容了。

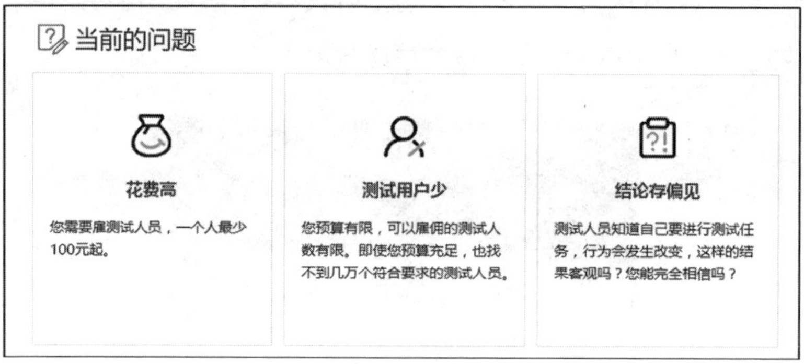

图1-22　突出重点

4）不被打扰

在线上浏览内容时，如果旁边有活动的广告或演示，都会影响用户的阅读体验。在线下也有类似的情况。例如，我在一些餐厅遇到用点菜墙点菜的做法时，体验都不是很美好。吃饭时，很多人站在点菜墙前点菜，看完这边的菜还得穿过人群看那边的菜，眼前也经常有人来来去去。通常情况下，我只能匆匆忙忙地下单，吃完赶紧离开。我还是喜欢拿着精美的彩页菜单，边看边通过手机下单。

5）没有压力

如果内容一开始就让用户感到压力，可能会引发拖延心理，甚至导致他们放弃阅读或参与。例如，最近我想报名一场马拉松，打开一个小程序后，发现新增参赛选手页面需要填写15项内容。这让我瞬间感到压力，觉得需要专门腾出时间认真填写，否则可能因中途保存失败而白费功夫。结果我一直拖延没有报名。后来换了一个填写更简便的小程序，才顺利完成报名。

6）没有错别字

在阅读过程中若遇到错别字会让人感到不舒服，因为这会打断阅读流畅性，影响信息的准确传达。例如，我在一家出版集团下属的书店中看到告示牌，竟然把“图书馆”写成了“园书馆”。如此低级的错误，让人不由对这家出版集团的业务水平和工作态度产生怀疑。

5. 正确表达

内容的正确表达对于快速传达观点至关重要。因为人们的注意力有限，迅速、清晰地传达信息可以提高沟通效率，增强信息的影响力。根据客户对产品的了解程度和时间充足程度，可分为以下三种表达方式。

1）场景—方案

这种方式适用于客户对产品还不熟悉，但有较多空闲时间的情况，如看电视、听讲座、有目的性的阅读等。在这种情况下，我们需要先在客户心中构建一个应用场景，然后提出自己的解决方案。例如，很多年前盖中盖的电视广告就使用了这种方式，下面是广告内容：“这人要上了年纪，就容易缺钙。过去我经常补钙，可是一天三遍地吃，很麻烦（场景展示）！现在有了新盖中盖高钙片，一片顶过去的五片，方便（解决方案）！你看我，一口气上五楼，不费劲。新盖中盖高钙片，水果味，一天一片，效果不错还实惠！”另外，还有很多短小的广告也使用了这样的结构：“经常用脑（场景展示），多喝六个核桃（解决方案）。”“今年过节不收礼，收礼（场景展示）只收脑白金（解决方案）。”

2）结论—理由

当客户对产品使用场景已经很熟悉，且阅读时间有限时，直接提供结论和理由可以节省他们的时间，提高沟通效率。我在做竞价广告时，经常使用这个模式。例如，客户搜索“辣椒酱灌装机”关键词，说明客户已经知道这个机器是做什么用的，广告内容只需告诉客户选择理由即可。

标题：辣椒酱灌装机选××牌

内容：1分钟灌装25瓶，基本型仅4560元，1小时仅耗1度电，7×12小时一对一指导，3年免费保修，10年累计销售15465台，500城市货到付款，马上订购！

3）重点理由

有时候，由于有很多限制条件，不能全部展开表达，只能快速列出最核心的理由。我经常接到一些贷款电话。通常上来就问“是刘总吗”，我说“是”，还以为是客户的电话。然后对方说“我们是某某银行的”，听到这里，我就会挂断电话。他们甚至没有来得及说明想沟通的内容，也许很诱人。怎么能在打电话时提高存活率呢？建议语速快、直接说重点理由。例如，上来就说：“3.4%的消费贷您要吗？可免息两个月”，我相信，很多人都会动心，想继续听下去。又如，M&M巧克力广告“只溶在口，不溶在手”。

6. 内容值得看

内容要符合以下几个关键方面，才值得花时间去看。

1）内容不雷同

人们总是对新鲜事物充满好奇心。如果内容缺乏新意，客户可能会感到无聊或不感兴趣，从而不愿意再次投入时间。例如，某天上午，我观看了一个视频，讲的是一个35岁被裁员的故事，我完整地看完，并对当事人表示同情。然而，晚上我又听到了一模一样的台词，只是换了一个人物。唉，都是相同的剧本，不用想，直接放弃了观看。

2）内容要连贯

内容连贯意味着内容是有序和逻辑清晰的，这样客户就能更容易地理解和记住。我们来看下面的故事：小明的一天。

小明是一个勤奋的学生，他参加了学校的篮球队训练。早上，他吃过早餐，然后去学校。中午，他和同学们一起吃午餐，分享了上午的学习心得。晚上，他按时起床，完成了家庭作业。第二天，他早早休息，为第二天的学习做好准备。

在这个例子中，内容不连贯体现在以下几个方面：

（1）结构混乱。开头直接跳到了篮球队训练，没有先设定故事背景。

（2）逻辑顺序缺失。早上起床、吃早饭、去学校等活动应该按时间顺序排列，但这里却出现了晚上按时起床的描述，这不符合逻辑。

（3）过渡不自然。故事中的过渡语句缺失或不恰当，导致读者难以理解事件之间的联系。

3）内容要完整

当客户决定投入时间深入阅读内容时，内容的完整性就变得尤为重要，因为没有人愿意看半截的内容。我经常在视频网站上观看视频，有些视频看到一半时就戛然而止了，真的挺让人扫兴的。为了避免用户误解，也有很多博主会在视频下方注明“全集”，告诉用户可以放心观看。不过也有一种情况，部分博主可能通过故意截断内容来吸引用户关注或引流，因此需要用户保持判断力。

4）内容有价值

内容有价值指的是在某种程度上对客户有用。这可以是教育性的、启发性的、娱乐性的，或者是帮助客户做出决策的，不能泛泛而谈，不能老生常谈。例如，当ChatGPT刚出现时，客户对此还不了解，所以喜欢看这类内容。当ChatGPT的热度过去，很多人都已经了解后，这时候再做相关的初级话题，对客户来说就没有价值了。

5）内容要认同

要让客户认同我们提供的一切，否则还是会失去这个客户。让客户不停地说“是”，并且一直保持兴趣，才能留住这个客户。例如，我要写一篇提升网站转化率的文案，第一句“每个做网络广告的企业都知道转化率很重要”，你一定会说“是”；第二句“提升转化率的方法之一就是减少无效的访问”，你也会说“是”；第三句“我们的‘虚假流量识别’服务帮助很多企业节约了广告费用并提升了转化率”，你虽然对这个服务不太了解，但还是认为“是”；第四句“你应该尽早使用这个服务，以便让你的转化率能提升一大步”。下面我详细介绍一下这个服务如何使用。”上面说明了理由，你在这里只能说“是”了。

如果我上来就说“你应该尽早使用‘虚假流量识别’服务，下面我详细介绍一下这个服务如何使用。”客户就会觉得“凭啥”，然后就会关掉网页了。

7. 有效引导

为了确保客户能看到我们希望他们看到的内容，有效引导至关重要。

1）线上引导

图1-24所示为轮播广告，图中左下方的小点点击后都是广告，但由于用户不知道点击后是什么广告，因此很少有人会专门移动到此处查看。此外，这些小点很小，非常不方便鼠标点击。所以在类似的轨迹热图上，这个地方显得很稀疏。

而在图1-25所示的轮播广告中，客户可以大致了解每个标签后的广告内容，且点击范围更大，更容易被点击。因此在类似的轨迹热图中，这些都是比较热门的访问区域，意味着很多人在观看，如图1-26所示。

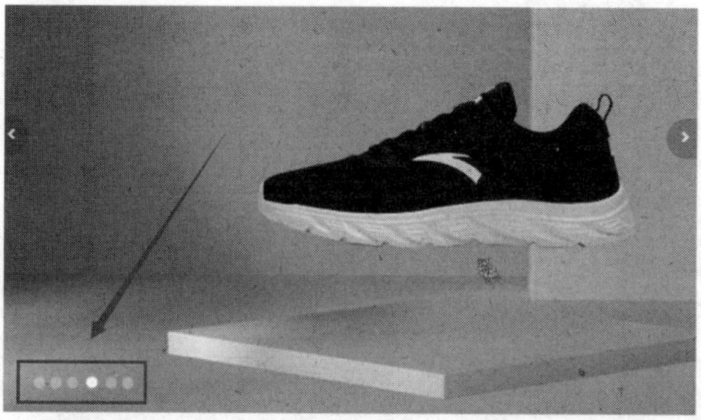

图1-24　未引导的广告没有人看

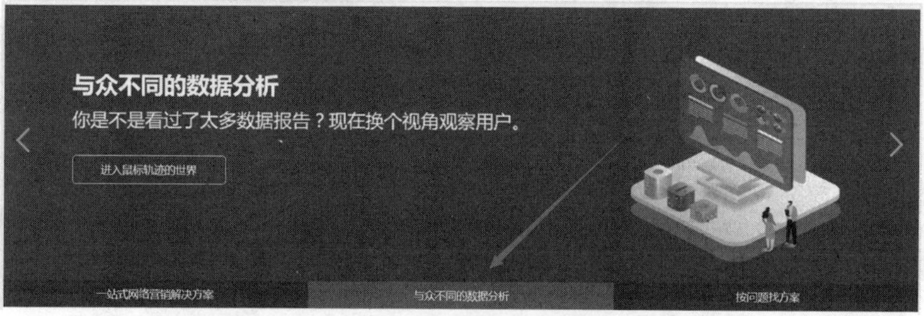

图1-25　由标签引导的广告

图1-26　轮播轨迹热图

2）线下引导

在我办公的楼下有一家面馆，为了服务顾客，提供了许多免费水果和饮料，但放置的位置在餐厅最里面，我前几次去都没有看到。如果在门口立一个牌子，上面写着“免费水果饮料，欢迎自取”，并标注上餐厅最里面餐台的位置，相信效果会好很多。

8. 减少环节

操作路线越长，出错的机会就越多，减少不必要的环节可以提高触达效率。

1）减少不必要操作

减少不必要操作能够降低客户的压力。客户在面对复杂或冗长的操作流程时，可能会感到沮丧或不便，甚至会导致他们放弃使用产品或服务。例如，有些App注册页面至少需要填写五项内容，这些内容看似都是必需的，但可能一时用不上。现在的App都不需要注册了，用手机号码+验证码直接登录，省去了注册的麻烦。

2）不要让客户询问

我发现身边有很多人有需求也不愿意和别人说，怕别人嫌自己多事，宁可放弃也不愿求人。例如，我办公室楼下有一家快餐店，我常去光顾。有一次，同事讨论吃饭的事，有人提到不在那家店吃，因为觉得米饭不够吃。这家店的老板是我妻子的老乡，因此我很熟悉。如果我跟老板说多给同事加饭，他们肯定会答应。但这位年轻人不愿麻烦我，宁愿舍近求远去别处吃饭，也不愿让我帮忙。后来，我建议快餐店老板用小盒子装一份米饭，并放牌子提示“不够吃的自取”，这样应该能解决问题。南城香在这方面就做得很好，服务员在上菜的同时会主动告诉顾客，如果饭不够可以到前面去打饭，每次都会提醒，而且桌子上也有提示，我也加过几次饭，从不觉得尴尬。此外，还有免费的水、水果、咸菜等。

三、方便交流

广告、口号、品牌等营销用语只有被人正确地读出来，才方便交流，甚至触发二次传播，放大营销效果。以下是一些便于交流的有效方法。

1. 有节奏的句式

使用有节奏的句式可以增强语言的韵律和动感，使表达更加吸引人和易于记忆，方便传播。例如，欧派橱柜的广告语“有家、有爱、有欧派”；白加黑感冒药的广告语“白天吃白片不瞌睡，晚上吃黑片睡得香”。

2. 朗朗上口

一个名称或者广告语若朗朗上口且富于内涵，才易于传播。例如，1927年可口可乐已经在上海生产，一开始被音译为“蝌蝌啃蜡”。由于古怪的味道，加上古怪的名字，这种饮料当时的销售情况自然很差。于是，可口可乐公司公开登报，用350英镑的奖金悬赏征求译名。当时身在英国的著名作家、书画家和翻译家蒋彝从当地报纸得知消息后，为此琢磨了一个晚上，最后以译名“可口可乐”击败其他所有对手。这个译名既与英文名“Coca-Cola”发音相似，又对产品口味与属性进行了描述；既富有正面含义，又易于传播，因此一直被认为是翻译得最好的品牌名称。

我们身边也有很多朗朗上口的品牌名称。例如，搬家运货时想到的“货拉拉”；网购时点开的“拼多多”；上网学习时打开的“哔哩哔哩”；打工人必备的“钉钉”。我们竟然被朗朗上口的叠音词包围了！

3. 押韵

押韵的营销内容因其韵律感和节奏感，更容易被记住，从而提高了广告的传播效果。例如，汉庭的广告语“爱干净，住汉庭”，“净”和“庭”的结尾都是“ing”发音。类似的还有“真情永不变，大宝天天见”“要想皮肤好，早晚用大宝”“维维豆奶，欢乐开怀”。

4. 给生僻字加拼音

给生僻字加拼音是一种常见的做法，以帮助读者正确发音。例如，陕西有一种美食，味道不错，但是不仅名字难写，而且大多数人都读不出来。如图1-27所示。当你走进面馆时，只能和老板说："我要吃这个面。"虽然这个面很好吃，但你和朋友聊起来的时候，只能说有一种面名字特别难写，这严重影响了传播效果。

图1-27　陕西美食牌匾

正确的做法应该是在字上标注拼音，同时说明这个字的来历，如图1-28所示。

图1-28　新版陕西美食牌匾

新版牌匾不仅可以读出内容，还能了解名字的来历，理解得会更深刻。

5. 给容易念错的字加拼音

给容易念错的字加拼音可以帮助人们正确发音，尤其是在遇到生僻字、多音字时。例如，"涪陵榨菜"中的"涪"字，其正确读音为

"fú"，但常被误读为"péi"。前有台湾省"榨菜哥"，后有某卫视主持人，都曾因误读引发网友嘲笑，而我自己也曾读错过。想象一下，当你第一次读错，被嘲笑后，以后你还会和别人说起这个字吗？大概率不会，涪陵榨菜品牌就少了一次传播。这不是少数人的问题，很多人都会犯类似的错误。在百度搜索"乌江涪陵"，提示框中第二条是"乌江涪陵读音"，第三条是"乌江涪陵榨菜怎么读"，都与发音相关。如果在"涪"字上标注拼音"fú"，不仅能减少误读，还能提升品牌传播力。同时，这一行为也可能成为热门话题，登上热搜。

6. 给外文品牌取中文名称

一个好的中文名称不仅能够帮助人们更容易地记住和传播品牌，还能够传递品牌的核心价值和形象，增强品牌与当地文化的联系。例如，BMW（巴伐利亚发动机制造厂股份有限公司）取名"宝马"，以"马"喻示速度与力量，既保留了原品牌字母的发音，又契合了中国文化对宝马良驹的喜爱。

四、真实触达

保证有效触达的一个前提是，我们面对的必须是真实有效的客户，否则就没有意义了。不论是线上还是线下，都充斥着各种虚假的人或流量，导致我们误判。针对不同的渠道，需要有不同的检测方法。

1. 网页在线检测

在网页上最有效的检测是基于用户行为轨迹的检测，在计算机端是鼠标移动轨迹，在手机端是手指移动轨迹。目前所有虚假流量都是针对传统统计工具的，如百度统计、友盟+（CNZZ）、有啦网（51 LA）这些平台只统计IP（互联网协议地址）、PV（页面浏览量）这些常用数据，所以给了造假者可乘之机，他们会模拟访问网站，从而提升IP和

PV流量。而模拟用户行为轨迹就困难得多，而且更容易被发现。

1）防范初级虚假流量

一个页面越受欢迎，用户在这个页面停留的时间就越长，留下的诸如浏览、点击、交互的轨迹信息就越多；反之则越少。通过判断不同来源用户留下的轨迹时间长度，可以评估出这个来源的用户质量。如果有访问记录但没有轨迹信息，就说明这个用户是无效用户。

以下为针对客户广告流量的来源效果分析报告，见表1-1：

表1-1 来源效果报告

编号	复制来源	总访问量	百分比	不限时间
				无效百分比
1	（网址）	514	81.3%	100%（514）
2	（网址）	89	14.1%	98.9%（88）
3	（网址）	7	1.1%	100%（7）
4	（网址）	6	0.9%	83.3%（5）

编号1来源：累计产生514次访问，100%的访问用户未留下任何有效轨迹；

编号2来源：累计产生89次访问，98.9%的访问用户无有效轨迹，且只有1名用户留下符合正常行为的轨迹。

结论是，客户从某平台获得的广告流量中，99%都是刷出来的虚假流量。

2）防范高级虚假流量

相较于可通过来源效果报告直接判断的“刷流量”行为，高级虚假流量的识别难度更高，要通过用户行为轨迹图来识别。

如图1-29所示，这种伪造轨迹图通常呈现出同心圆状，一环套一环。正常用户操作不会产生如此规则的轨迹，显然是机器模拟的结果。

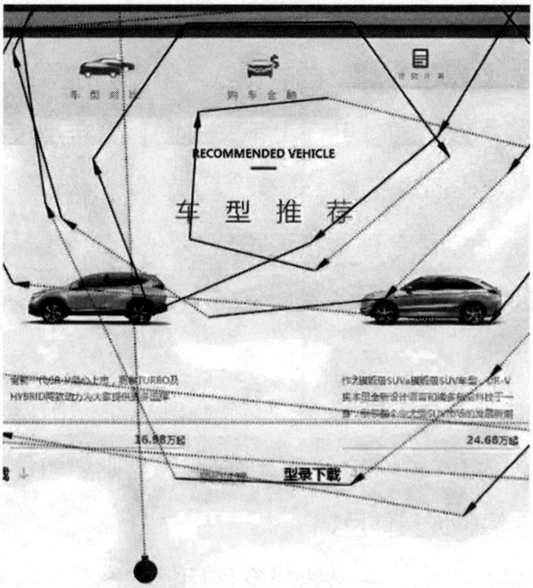

图1-29　伪造的轨迹图

其原理是，很多网站为监控广告效果，在页面不同标签设置埋点，鼠标划过就会被系统记录为用户访问。作弊者利用这一机制，编写程序模拟鼠标遍历页面各区域，触发埋点，误导网页分析人员，让其以为是真实用户访问。

虚假流量的手段也在不断升级，其伪装性从“无轨迹”的初级形态，进化为“有伪造轨迹”的高级形态。若不生成轨迹图，很难察觉这类高级作弊行为。

2. 粉丝真实性检测

在我们选择抖音、微博等大V（影响力大的博主）合作时，通常都会看他们的粉丝数，粉丝数越多意味着他们的号召力越大，推广效果就越好。但也有一些大V的粉丝量是刷出来的，如果贸然和他们合作，就会导致推广效果不佳，甚至没有任何效果，网上已经有非常多这样惨痛的案例了。所以在合作前需要先检测一下他们的粉丝真实性。通常从以下七方面来判断粉丝真实性：

（1）行为节奏是否自然。自动化账号常以固定频率集中点赞、评论或转发，行为高度重复，缺乏上下文关联；真实用户互动更具随机性，受情绪、热点或场景驱动，节奏松紧有致。

（2）活跃时间是否合理。机器粉丝多在整点、凌晨或非高峰时段高频上线，呈现“批量操作”特征；真实用户在线时间分布广泛，符合日常作息规律。

（3）互动内容是否有“人味”。虚假账号常使用模板化语句，如“支持！”“转发了！”等空洞表达；真实粉丝则更可能发表个性化评论，包含观点、情感或具体反馈。

（4）头像是否可信。异常账号常使用模糊图像、网络盗图或AI生成人脸；真实用户倾向于使用清晰、具辨识度的个人照片或专属标识。

（5）资料是否完整。机器人账号资料普遍简陋：无简介、无地区、昵称为“abc123”类格式；真实用户信息更详尽，常包含兴趣标签、职业背景或跨平台链接。

（6）社交关系是否多元。通过分析关注与被关注关系可发现，虚假粉丝社交圈封闭，多集中于互粉群或大V；真实用户连接广泛，社交网络更接近真实人际结构。

（7）互动方式是否多样。自动化账号互动单一，仅限点赞或转发；真实用户参与形式丰富，涵盖评论、收藏、私信、@提及等多种行为。

3. 实体店人流检测

目前，有多种方法和技术用于测量人流量，以下是一些常见的方法：

（1）视频智能分析。通过摄像头配合AI软件，自动识别并统计经过特定区域的人数，还能判断行走方向、速度与停留行为，适用于商场、门店等复杂场景。

（2）红外线传感器。安装在出入口，利用光束阻断原理计数，成本低、稳定性高，适合室内外单通道人流监测。

（3）微波雷达。通过发射微波探测移动目标，可穿透玻璃、薄墙，对大范围或高密度人群统计效果好，抗干扰能力强。

（4）热成像技术。基于人体热量成像，不依赖光线，可在黑暗或恶劣环境中识别个体，注重隐私保护，常用于安防与应急场景。

（5）人工计数。通过专人观察记录，灵活适用于短期活动或小规模场所，虽成本较高且易出错，但可作为技术手段的补充验证。

这些方法各有优势和局限性，实际应用时通常会根据具体场景和需求，选择合适的技术或多种技术的组合，以获得最准确的测量结果。

4. 潜在需求检测

理解人流与潜在客户之间的关系对于商家来说至关重要。在现实中，即使有很多人经过店铺，也不一定意味着这些人流都能转化为实际的购买行为。我就观察过这样的情况：在一个大商场里，两家餐厅紧挨着，一家经营广东腊肉饭，一家是米村拌饭。米村拌饭餐厅顾客满盈，想找个空位都很困难，服务员忙得不可开交；旁边的广东腊肉餐厅，吃饭的人寥寥无几，几个服务员不得不站在门口招揽生意。真是鲜明的对比。

所以，开店前需要对当地的潜在需求进行调研，调查人口、经济、文化等基本情况，这里不再赘述。

五、重复触达

重复触达是指通过多次向客户展示信息，以增加记忆度和认知度。以下是一些常见的方式：

（1）时间上重复

在不同的时间段，重复展示内容。例如，在中央电视台1频道每天18点59分55秒，都会有一个品牌为你报时，这些品牌包括贵州茅台、飞亚达、五粮液等。

（2）空间上重复

在目光所及的范围内，多次展示相同内容。例如，我去费大厨辣椒炒肉餐厅吃饭，在门口就可以看到“全国小炒肉大王”的标记；进门后看到的海报上也有“全国小炒肉大王”的字样；就连用餐的铁锅上也刻着“全国小炒肉大王”，真是无处不在。

第三节　理解吸收

用“补钙新观念，吸收是关键”这句广告语形容本节的主题再适合不过了。客户每天都会接触到大量信息，但并非所有信息都能被有效吸收。如果客户无法真正理解并吸收这些信息，那么无论信息多么丰富，都无法发挥其应有的价值。

一、理解的背景

在讨论理解吸收时，需要注意的是，如果客户和商家处于不同的背景，可能会导致对同一信息的解读和理解不同。以下是两种常见的情况：

1. 理解的差异化

每个人的生活背景、教育、文化、个人经历等因素都不同，这些因素共同塑造了我们的认知框架和价值观，进而影响我们对事物的理解和解释。

我曾看过一个很有意思的帖子：帖子里有一张开在大学校园边上的烧烤店照片，照片的拍摄者是一名数学老师。他说：三年前我告诉老板娘“二战烧烤”这个名字不吉利，考研学生看了不会进来吃饭（“二战”会让人联想到首战考研失败）。老板娘很诧异，说她这个“二战”指的是第二次世界大战。估计不止我一个人跟老板娘这样说，后来，老板娘的招牌换成了“一战烧烤”。

2. 关注刻板印象

刻板印象是指对某一群体或事物持有的固定、简化和过度泛化的看法。由于各种原因，我们会对某一事物产生刻板印象。以“重庆小面”为例，顾客进店前常问：“你们有不放辣的吗？”这说明在大家的认知中，重庆小面都是辣的。为了克服这个刻板印象，门店将迎宾口号调整为“辣不辣都有，辣不辣都香”。

现在市场上母婴洗护用品很多都是国外的品牌，即使有国内品牌，包装上也有英文，而且英文大，中文小，英文多，中文少。由于母婴人群的需求较为特殊，不少消费者更倾向于选择外观上具有国外品牌风格的产品。这种偏好的形成，在一定程度上是受了国外产品更值得信赖的刻板印象影响。但随着国货品质回归，这种偏好正悄然发生改变。

刻板印象是客观存在的一种社会现象，只要我们注意到了，便可以该利用时合理利用，该避免时主动避免。

二、业务性理解

在设计营销方案时，确保方案易于被客户理解至关重要，因为这直接影响到营销效果。以下是一些有效的促销方式：

1. 免费的魔力

免费的东西有一种天然的魔力，能够激发人们对损失厌恶的本能。如果有免费的东西没有拿到，那损失就大了。下面举两个日常会遇到的例子。

我家附近新开了一家饭店，活动期间，充值三倍当前消费的金额，当前这一顿就可以免单。我的大脑立马飞快运转——消费100元，需要充值300元，本次就免去100元——也就是说付300元，可以购买400元的东西，相当于75折。但“充三倍本单免费”更简单和吸引人，而且无须计算。

也有一家饭店，实行的是充300元送100元的促销活动，“免费获得100元”的优惠确实很吸引人。

2. 减少约束

设置过多的使用限制会导致政策或规则变得复杂难懂，这不仅会降低客户的满意度，还可能引起客户的不信任感。例如，我办公的楼下有一家饭店，味道不错。他们的优惠政策是充500元送价值90元的东西，但约束条件是：赠送蜂蜜酸奶1瓶、羊肉串2串、骨汤面小份券4张；只能在某几个门店午餐时间使用。如果不喜欢喝酸奶或不喜欢吃羊肉串，那优惠就显得没那么吸引人了。因此，每次看到这样的充值条件，我都会选择放弃，因为太麻烦了。

三、技术性理解

为了确保客户能够更容易了解和理解信息，在表述上应采用一些特定的技术方法，以便于吸收和理解，下面介绍一些行之有效的方法。

1. 内容要通俗易懂

内容通俗易懂，避免使用晦涩难懂的专业名词，对于有效沟通至关重要。这样做可以帮助客户更快地获取信息，减少他们的困惑和挫败感，从而提高客户的满意度和忠诚度。

印度电影《三傻大闹宝莱坞》中有这样一个场景：老师问了学生们一个问题："什么是机械装置？"主演阿米尔·汗回答道："能省力的东西就是机械装置。例如，今天很热，按下开关，得到阵阵凉风，风扇就是机械装置；跟千里外的朋友说话，电话就是机械装置；快速运算，计算器就是机械装置。"可老师对这样的回答嗤之以鼻，反问道："考试你也这样？"于是，邀请另外一位好学生继续回答。好学生回答道："老师，机械装置是实物构件的组合，各部分有确定的相对运动，借此，能量和动量相互转换，就像螺丝钉和螺帽，或者杠杆围绕支点转动，还有滑轮的枢纽之类的，尤其是构造，多少有点复杂，包括活动部件的组成。"好学生的回答让人难以理解，阿米尔·汗的回答通俗易懂才是我们需要的。

2. 正确使用颜色

颜色在生活中无处不在，它们影响我们的情绪、行为，甚至决策。见表1-2，了解颜色的深层含义可以帮助我们在设计、沟通和日常生活中做出更贴合情境需求的选择。

表1-2 不同颜色效用表

颜色	情感影响	象征意义	应 用
红色	激情、爱情、能量、危险	力量、勇气、活力	在紧急情况、爱情相关场合、促销活动中使用
蓝色	平静、稳定、信任、智慧	忠诚、宁静、专业	在企业品牌、科技产品、医疗保健中使用
绿色	自然、生长、和谐、新鲜	环保、健康、安全	在环保活动、健康产品、金融投资中使用

续上表

颜色	情感影响	象征意义	应　用
黄色	快乐、活力、希望、阳光	乐观、自信、创造力	在快乐、活力相关的场合、创意行业、教育中使用
紫色	奢华、神秘、创造力、精神	高贵、灵感、独特	在高端品牌、艺术作品中使用
橙色	活力、社交、创造力、友好	热情、冒险、活力	在运动、娱乐、社交活动中使用
黑色	权威、优雅、神秘、正式	力量、独立、优雅	在正式场合、高端时尚、艺术设计中使用
白色	纯洁、简单、清新、和平	纯洁、无辜、新开始	在婚礼、医疗环境、简约设计中使用
灰色	中性、平衡、稳定、保守	中立、稳定、智慧	在背景设计、商务服装、工业设计中使用

3. 一图胜千言

使用图示而非大量文字来传达信息，可以帮助客户更快地抓住要点，尤其是在处理复杂或抽象概念时。图示能够直观地展示信息，使客户无须花费额外精力解读文字，从而提高理解效率和记忆保持率。我们来看下面的例子。

1）文字内容

项目编制方案完成后，15天后进入项目内部评审。内部评审后，再经过2天，进行安监部审核。安监部审核合格，3天后进行安全总监审批。安监部审核不合格的项目按要求修改完善。安全总监审批合格的项目，3天后进入项目实施。安全总监审批不合格的项目继续按要求修改完善，3天后重新进入项目内部评审。

2）图示内容

安全策划书编制审核审批流程图如图1-30所示。

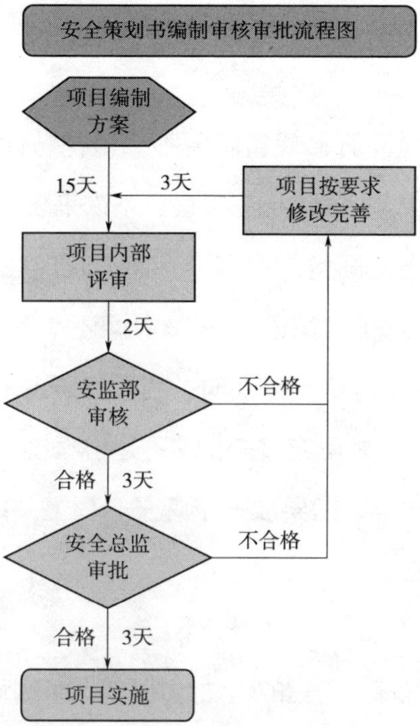

图1-30　安全策划书编制审核审批流程图

文字内容与图示内容相比，图示内容更清晰，更便于记忆，信息含量也更丰富。

4. 增减内容

无论是增加还是减少内容，都是为了使其更加符合客户的需求和理解能力，可以通过辅助标识和突出产品属性来实现。

1）辅助标识

如果客户不能理解当前的内容，就需要完善内容，直到客户理解为止。例如，我家门口开了一家店，但我不知道它是做什么的。因此，我开始关注店铺招牌。我发现容易理解的店铺招牌分为三种情况：

（1）名称不包括品类。通常都是些知名品牌，服务的内容大家都熟悉。例如，吉野家、肯德基、海底捞等。

（2）名称包括品类。看店名就知道是卖什么的，简单直接。例如，兰州拉面、加州牛肉面、永辉超市等。

（3）名称和品类分开。只看店名不知道是做什么的，需要通过品类了解。例如，悠百佳，通过标注零食、茶饮来表明经营内容。

有一天我去超市买面包，看到一个筐，它放在地面上，我扫了一眼，里面都是棕色的椭圆的东西，每个上面还贴着一个小圆标。我想，哦，猕猴桃？当我正在看其他商品时，老板娘走过来说，新到的麻酱鸡蛋，可好吃啦。我这时才反应过来，这不是猕猴桃。因为很少吃麻酱鸡蛋，我就买了四个尝尝。如果放一个牌子，写上“麻酱鸡蛋”，我想就不会发生刚才的问题了。

2）突出产品属性

为了便于客户理解，通常的做法是排除其他干扰属性，只突出想要表达的属性。如图1-31所示，为了展示包的长宽，忽略了包的颜色和材质。

如图1-32所示，为了体现包可以装很多东西，将物品都拿出来进行排列展示。

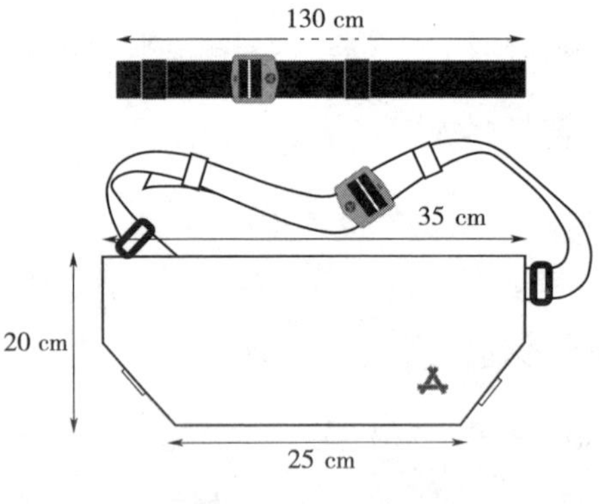

图1-31　突出包的长宽

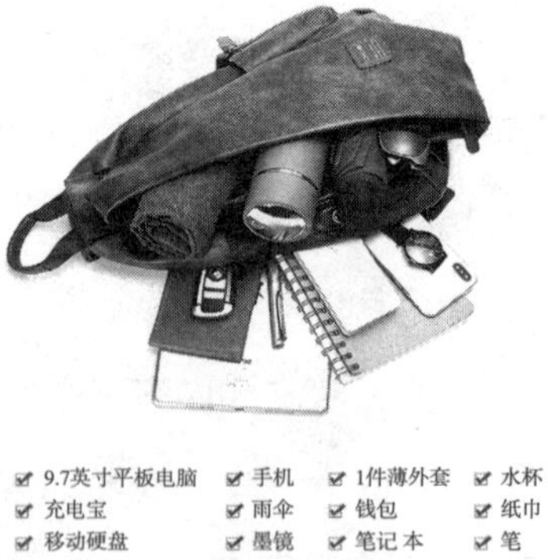

图1-32　突出包的容量

5. 使用客户熟悉的语言

如果客户的知识结构与我们不同，我们在描述内容时就需要使用对方能理解的语言和文字。例如，在张家界，很多宣传内容都使用中韩两种文字。为什么这样呢？因为张家界的游客中，韩国游客占比较高，设置韩语方便韩国游客理解。

举个知识星球上的案例：餐饮连锁品牌“遇见小面”，总部在广州，他们推出了“下午茶9.9元均一”的小吃。这个“××元均一”是广东人的通常说法，其他地区的人可能看不懂。因为“遇见小面”开到了全国各地，所以就有热心星友建议这句话应该修改成“解馋下午茶，样样9块9”。

6. 用熟悉的事物类比

类比是通过比较两个不同事物之间的相似性来推断它们在其他特性上的相似性。在类比推理中，我们通常会从一个熟悉的领域或概念借用知识，来理解和解释一个不太熟悉或更抽象的领域或概念。

“战斗机”在人们心目中通常代表着高性能、强大、先进和战斗力等特质。“波导手机，手机中的战斗机”广告，通过将手机比作战斗机，传达了这款手机具有类似战斗机的高性能、快速、可靠和先进的特点。这种类比让消费者能够迅速联想到手机的卓越性能，即使他们可能并不熟悉手机内部的技术细节。

“周大福，珠宝中的贵族”广告，通过类比将周大福珠宝比作贵族，凸显其高贵和与众不同的品质。

7. 用熟悉的事物比喻

比喻是通过将一个事物或现象与另一个本质上不同的事物或现象进行比较，来形象地描述或强调某个特性。比喻通常用来增强语言的表现力，使抽象的概念更加具体化，或者使复杂的事物更易于理解。例如，

“塞上明珠，中国银川”这句宣传语用了比喻的修辞手法，将宁夏银川比作“塞上明珠”，生动形象地表达了宁夏银川的美丽和光辉。又如，红星二锅头“把激情燃烧的岁月灌进喉咙”广告，将酒与激情燃烧的岁月相比喻，唤起了人们对过去时光的怀念和情感的共鸣。

比喻和类比相似，它们的主要区别在于：

（1）直接性。比喻通常更加隐晦和间接，而类比则更明确地指出两个事物之间的相似性。

（2）目的。比喻更多用于创造形象和情感联想，而类比则用于解释和理解。

（3）结构。比喻往往省略比较词，而类比则明确使用比较词。

（4）认知过程。比喻通常涉及情感和直觉的认知过程，而类比则涉及逻辑和理性的认知过程。

8. 用熟悉的事物对比

使用熟悉的事物进行对比，可以帮助客户通过已知的信息来理解新的概念或数据。这种方法能够缩短新旧知识之间的差距，使得客户能够更快速、更准确地做出判断。例如，收纳袋重170克，相当于半瓶矿泉水的重量。虽说“克”是表示重量的单位，但缺乏体感。使用熟悉的“半瓶矿泉水”的重量来表示收纳袋的重量，可以获得更具体的体感。又如，空客A380客机，目前它是世界上最大的客机。整体机身高达24米，相当于8层楼的高度。

9. 展示现实场景

在展示产品时，一定要展示它的使用中状态，让客户看到自己使用后是什么样子，获得感会更强烈。或者通过对比，让客户了解产品的大小、高度等内容。

我有个朋友曾经做过一个测试：有两个置物架，一个上面摆放着配合场景的物品，一个是空置的，我们会购买哪一个？大多数人都会选择那个摆有物品的架子，因为它能让客户直观感受到拥有置物架后的实际使用场景，以及架子的相对高度。而空置的架子，客户感受不到这些信息，吸引力自然就降低了。

10. 避免歧义

营销内容应遵循清晰、准确的原则，避免使用可能引起多种解释的歧义句，特别是那些可能被误解为不恰当或违规的内容。其目的是要传达明确的信息，吸引目标客户，而不是通过含糊或双关的语言来误导或混淆受众。例如，某品牌乳茶包装标注“0蔗糖、低脂肪”，消费者可能误认为产品完全无糖。很多人都这样认为，但实际上只是没有蔗糖，却含有乳糖、果糖或葡萄糖。这可能会造成歧义，引起消费者不满。

四、理解的一致性

在任何客户群体中，确保统一的理解对于提供一致性的体验、避免混淆和提高客户满意度至关重要。如果客户对产品、服务或信息的理解不一致，可能会导致客户不满、沟通障碍甚至业务损失。

1. 色彩的一致性

在色彩的使用上，确保遵守颜色对人的情感影响和象征意义至关重要，尤其是在设计、营销和品牌建设中。正确的颜色使用可以强化信息传递，增强客户体验，而错误颜色的使用可能导致误解和负面反应。例如，在强调儿童活泼的图片上，若使用黑色的背景色，会让人感觉沉重。同样，在强调冰爽的图片上，若画着红红的太阳，红太阳象征着温暖，这与冰爽的主题相违背。

2. 字体的一致性

在品牌营销、网页设计或文档编辑中，字体与文字内涵的一致性能帮助客户更快地识别和理解信息，同时也能增强品牌的视觉识别度。例如，在产品介绍中强调“正品”，但使用斜体字表达，这会让客户对正品产生一丝怀疑；强调产品功能“强大”，但字号很小，每个笔画都很细，会让客户感觉不够自信。又如，云耕物作产品包装上的“暖”字设计，选用了类似故宫太和殿匾额的楷体字——横平竖直、结构端正。业内人士认为，这种字体既借用了传统文化中“正统”“可靠”的印象，又不让消费者觉得有“设计感”。

3. 内容的一致性

内容的一致性是指所传达的信息在文字表述和实际意图之间保持一致。这意味着客户理解的信息与商家的初衷相匹配。例如，某商家在文案中强调“认真负责”“关注每一个产品细节”，结果在文案中出现好几个错别字，这会让客户对整个文案内容产生怀疑。

第四节　影响情绪

情绪是人类决策过程中的关键因素，能够显著影响客户的购买行为。如果营销活动能够触动客户的情感，更有可能给客户留下深刻印象，并促使客户行动。然而，并非所有情绪都是有用的，因此我们需要利用有用的情绪，同时避免有害的情绪。

一、有用的情绪

我们需要积极地利用有用的情绪，增强客户与品牌之间，或存在与认知之间的联系，建立信任，并激发客户的购买欲望或自我认知能力。以下是如何利用有用情绪的方法：

1. 恐惧

恐惧是人们在面对自己无法完全控制和预测的外在威胁时所产生的一种强烈的负面心理反应。这里的重点是无法完全控制和预测。我们先来看两个电动车充电安全宣传语:

（1）选择安全充电环境，禁止电动车进电梯。

（2）电动车起火夺命只需100秒，请勿将蓄电池在家中充电。

第一条宣传语只是告诉大家选择安全充电环境，但没有激发出强烈的恐惧情绪，而第二条的宣传语则直击要害：电动车起火夺命只需100秒。当意识到有夺命风险时，再讲明道理，大家一定会听得进去。

2. 吃惊

吃惊是在面对超出原有认知架构的事件时，产生的一种短暂性非预期的心理状态。这里的重点是超出原有认知架构。我们可能看过一个纯净水的广告，提到27层过滤。在纯净水领域，27层过滤是行业内的标准工艺流程，这属于业内常识。但对于普通消费者来说，27层过滤已经远远超出了自己的认知。以我为例，我头脑中只有大石子、小石子、沙子、植物等几层过滤水的认知。所以，看到这个广告，我有点吃惊，认为这个水一定很纯净。

有一次逛商场，我被一家寿司店的菜单惊到了，如图1-33所示，居然有这么多品种可供选择。

震惊的作用就是让这个产品或品牌深深印在客户的脑海里。这就不难理解，为什么很多商家喜欢搞噱头了，如最大的月饼、最大的火锅、最大的馒头等。

3. 兴奋

兴奋是一种情绪，能让人的心跳加速、肌肉紧张、瞳孔变大、注意力更集中。通常与积极的刺激或预期的奖励相关。下面具体介绍获得感

图1-33 寿司菜单

和目标感是如何让人兴奋的。

1）获得感让人兴奋

获得感是指个体在经历特定事件或与产品、服务互动后所感受到的收益和满足。这种收益可以是物质的，如金钱或物品，也可以是精神的，如成就感、认同感或幸福感。例如，每次超市鸡蛋、卫生纸打折的时候，不少大爷大妈纷纷进超市抢购。走出超市时，他们兴高采烈。为什么呢？因为买到打折的东西，就有了一种占了便宜的获得感。除了实际的获得感，能让大脑虚拟出的获得感也一样有效。例如，行动指令“你值得拥有”，就可以激发客户的获得感，暗示着客户应该享受或拥有某些东西，表达了对客户的肯定和价值的认可。

2）目标感让人兴奋

目标感是指个人对真正想要实现的目标有清晰的认识，并在行动上专注于实现这些目标的意识和状态。例如，学习过编程的读者可能都买过类似的书，如《C++从入门到精通》《Python从入门到精通》。这些书名都定义了一个从入门到精通的目标。类似的还有经典的广告语“今年20，明年18”，也是清晰地给出了目标。

目标感和获得感相似，但侧重点不同。获得感强调的是实现目标后的满足和成就感，而目标感关注的是对目标的意识、动力和行动。

4. 同情

同情是指一个人能够理解并感受到另一个人的情感状态，尤其是那些处于不利或痛苦情境中的人。同情不仅仅是认识到他人的感受，而且能够深入地感受到他们的情绪，并可能采取行动来提供帮助或支持。例如，很多人都在网上看到过一位老人卖橙子的照片，老人看起来饱经风霜，让人感到同情。于是，大家纷纷慷慨解囊，购买橙子。

5. 幽默

幽默是形容有趣或可笑且意味深长。我理解的幽默产生于情理之中与意料之外的碰撞，类似脑筋急转弯。它能激发快乐情绪，进而加深记忆。例如，农夫果园的经典广告：售货员递给父子两瓶饮料，叮嘱“喝前摇一摇”。他们很纳闷，但还是照做了，突然开始摇晃身体。情理之中是他们理解错了，但笨拙的肢体动作又超出预期（意料之外）。这种反差不仅让人发笑，还让“摇一摇”的产品卖点深入人心。

6. 愉悦

愉悦是一种积极的情感体验，通常与快乐、满足和幸福感相关。我之前看过一个运动鞋的广告，让我心潮澎湃。视频中一个健硕的运动员双臂有力地摆动，步伐轻快而稳健，在空旷的道路上奔跑，仿佛与风同行。

在许多汽车广告中，我们常常看到一辆光可鉴人的汽车，在无垠的沙漠中驰骋，或在雄伟的山川间穿梭，车轮碾过地面，扬起一阵阵尘土，如同自由的符号在空中飘扬。它们激发着观众对驾驭的渴望，让人心生向往，仿佛自己就是那位驾驶者，正享受着速度与风的交响曲，体验着征服道路的无限乐趣。

7. 自豪

自豪是一种积极的情感体验，源自个体对自己或所属团体成就的认可和满足。

有个有趣的段子：一位博主说中国晚上太危险了，建议晚上别出门。为什么呢？因为满大街都是烧烤摊，实在太“危险”了—— 一不小心就吃撑了，钱包瘦了不说，体重还上去了。这个段子用幽默的方式展现了中国夜生活的安全与活力。

8. 感激

感激是人们对他人帮助，或者对某种积极结果的感受表示认可和感谢的心理状态。例如，1995年海尔援建了第一所希望小学。到2023年6月，已累计投入1.34亿元，在26个省（自治区、直辖市）建成385所希望小学和1所希望中学。作为希望工程中援建最多的企业，相信从这些希望小学走出来的学生，未来一定会成为海尔的忠诚客户。又如，2016年格力的一则公告令人印象深刻：自2016年8月1日起，每台空调的安装工费提高100元。这一举措不仅体现了格力对一线工人的关怀，也提升了安装服务的价值。那年，我家购置了格力空调，我有机会与安装师傅交谈。安装师傅由衷感叹：“这100元不只是钱的问题，更是对我们价值的认可。”确实，这种对一线员工的尊重不仅提升了服务质量，更让客户对品牌产生敬意。

9. 好奇

好奇心是指对未知事物感兴趣，渴望了解或探索的心理状态。例如，很多文章标题都包含“揭秘”“真相”等词语，以激发读者的好奇心。又如，科普图书《人类简史》通过揭示文明演化的奥秘，激发读者对历史和科学的兴趣，许多人因此深入研读相关领域。

10. 认同

认同是指个体对于他人的观点、态度、价值观、身份感到一致或接受的过程。农夫山泉的广告语“我们不生产水，我们只是大自然的搬运工”堪称经典。这句广告语巧妙地传达了品牌的环保理念和对自然水资源的尊重，其独到之处让人不禁产生共鸣。

36氪是国内知名的科技创新创业服务平台，它通过提供科技新闻、创业投资信息、行业分析等内容，帮助客户了解和把握最新的科技趋势和商业机会。“让一部分人先看到未来”这一口号体现了36氪的使命和愿景，即通过提供前沿的信息和洞察，使一部分人能够预见并抓住未来的机遇。

11. 综合情绪

同样的事物，往往在不同的人心中激发出各异的情感反应。有这样一个有趣的现象：一个“小兔子公仔”在发传单，几乎所有的路人都会接受他发的传单。

那么，为什么会出现这样的效果呢？

我想象自己走出地铁，远远看到这样一个“公仔”在发传单，心里会涌出三种情绪：

（1）有趣。一个大脑袋的小兔子，很有意思。

（2）好奇。他打扮成这样，是在发什么传单？

（3）同情。现在打工人真不容易，发传单都得想各种办法。

所以，当他把传单递到我手上时，我会接过他的传单。再扩展一下，如果很多人都穿着公仔服发传单了，你怎么办？我的建议是穿着公仔服骑独轮车，只要比其他人看上去更有趣、更费劲就可以了。

12. 情绪过山车

有时候，客户购买商品时遇到糟心事会很郁闷，但若商家处理得当，客户不仅会满意，甚至会感到惊喜，这种体验就像坐过山车一样刺激。之前看到过这样一个故事：小镇上有家面条作坊，长期为周边几个村镇的食品店供货。某年夏天突发洪水，许多食品店被淹，店主们损失惨重。这时，面条作坊的负责人主动承诺：凡是从本作坊进货的面条，不论损坏程度如何，都可免费更换为新鲜面条。店主们深受感动，纷纷感谢面条作坊负责人帮助他们减少了损失。在这个故事中，店主们的情绪从悲伤转为感激，经历了巨大波动，这件事必定会让他们铭记于心。同时，面条作坊也通过这一举措为自身的长远发展奠定了坚实基础。

二、有害的情绪

应避免有害情绪，因为它们会损害客户对我们的信任。以下介绍几种有害情绪：

1. 恼火

恼火是一种因某种外部刺激或内在心理状态而产生的轻微不快或烦躁感。例如，我访问某个网站时，刚打开页面就弹出对话框。关闭后打算阅读内容，但对话框反复弹出（间隔不到3秒），这种持续干扰最终让我放弃浏览。更常见的是那些默认播放声音的网页，在本应安静的办公室里突然响起声音，让人不得不手忙脚乱地关闭网页，也让人非常恼火。

2. 厌恶

厌恶是一种强烈的反感情绪，会直接影响我们的行为选择。例如，有次我和妻子爬山后饥肠辘辘，打算在景区附近一家饭店用餐。可一进门就让我们望而却步：油腻的地面、未收拾的餐桌、吞云吐雾的老板……这些令人不适的画面让我们立即转身离开，坚持到市区才吃了一顿饭。小饭店也因此丢失了一个客户。还有一些制作粗糙的医疗广告——每当它们出现时，我都会立刻换台，自然也不会考虑购买其推销的产品。

3. 愤怒

愤怒是一种强烈的情绪状态，通常被认为是对不公正、侮辱、挫折、威胁或痛苦的直接反应。例如，我在某知名品牌自营旗舰店买了张升降桌。有次使用时，控制器突然坏了，桌子升不起来了。我找客服说明情况，客服说要联系工厂的技术人员。等了差不多10天，我主动去问，他们说要换控制器，110元钱。我说行，换吧，结果客服又说要看有没有货。又过了10天，我再问情况，客服说要看控制器型号。我说："这控制器彻底坏了，按啥都没反应了，实在不行我寄给你们吧？"客服说："寄过来也没用，必须看面板上的型号才行。"我说："你们拆开看看不行吗？"他们说："不行。"我问："那就没别的办法了？"他们说："没了。"在这一过程中，反复的沟通障碍和问题迟迟未能解决，正是引发客户愤怒情绪的典型情境。

4. 失落

失落是一种因事物预期与现实之间产生巨大落差而引发的失望情绪。例如，1997年进入中国市场的美国品牌暇步士，一直以来定位高端市场。但在2024年4月，该品牌突然清仓甩卖服装，只需1～4折。之前一件T恤都要八九百元，现在却这么便宜。有暇步士的忠实顾客在该品牌买了价值数万元的服装，他告诉记者，自己很受伤，无法接受暇步士现在的"白菜价"。

第二章　需求层

需求是推动人类行为的核心动力，它激发了创新、促进了交易，并且是市场营销和产品设计的基础。本章将从定义需求、产生需求、分解需求、满足需求四个方面来阐述需求。

第一节　定义需求

人们的需求是多样化的，并且是按照一定层次结构排列的。这一需求理论由美国心理学家亚伯拉罕·马斯洛在1943年的《人类动机理论》论文中首次提出，被称为马斯洛需求层次理论。

一、马斯洛需求层次理论

如图2-1所示，它将人的需求划分为五个递增的层次，像阶梯一样从低到高依次是：生理需求、安全需求、社交需求、尊重需求和自我实现需求。

1. 生理需求

这是最基本的需求层次，涵盖了食物、水、睡眠、性，以及身体健康等基本生存要素。

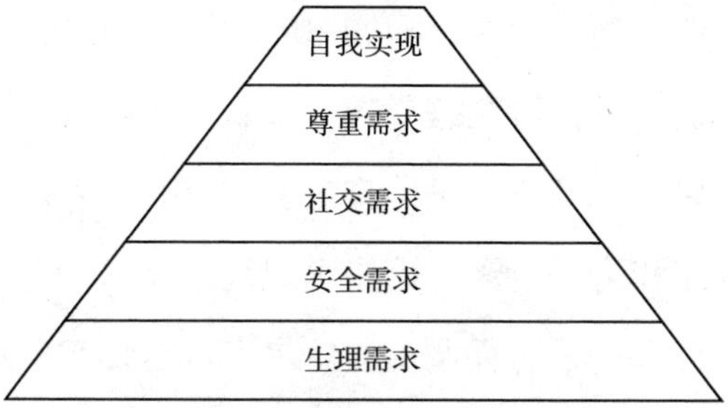

图2-1　马斯洛需求层次理论

2. 安全需求

在生理需求得到满足之后，人们会追求安全感，包括人身安全、经济安全、就业安全等，以确保生活的稳定性和连续性。

3. 社交需求

当安全需求得到满足后，人们会寻求与他人的联系和归属感，这包括建立友谊、追求爱情以及参与社交活动等。

4. 尊重需求

在这一层次，人们追求自尊、他人的尊重以及社会地位的认可，这涉及个人的成就感、自信，以及对他人尊重的需求。

5. 自我实现需求

它位于需求层次的最高点，这一层次关注个体实现自我潜能和追求个人成长，包括追求个人目标、发挥创造力，以及自我完善的过程。

马斯洛需求层次理论有助于我们更好地理解客户的行为和动机。

二、需求层次理论的应用

需求层次理论的应用可以帮助我们更有效地理解和满足需求，从而提高客户满意度，并有助于创造更具吸引力的产品和服务，增强竞争力，促进长期的成功和可持续发展。例如，开网约车这个行为，不同的人需求是不一样的。对于专职开网约车的司机来说，这是他的职业，能够满足基本的吃饭、住宿等生理需求；兼职开网约车的司机，为了赚一些外快，让自己更有安全感，满足安全需求；有些人在家闲不住做网约车司机，只是为了和人聊聊天，这是满足社交需求；有些人为了获得第一手资料，做网约车司机进行调查，这是满足自我实现需求。又如，去相同的餐馆吃饭，不同的人需求也不一样。附近的上班族来这里吃饭，是满足生理需求；对于服务员来说，有一份职业，让自己有安全感；有些朋友约这里见面聊天吃饭，这是满足社交需求；老板经营这家餐馆是有自己的事业，是自我实现需求。

总之，对于同一个行为，不同的人有不同的需求，因此需要从多方面考虑。

三、需求分类

需求按覆盖范围可以分为两种类型：狭义的需求和广义的需求。先看一个示例：当你逛街的时候饿了，你最想找什么？可能是超市、便利店，也可能是饭店。如果你选择饭店，也会选择自己喜欢吃的饭店。然后，你大概率会在手机上查询这家饭店的口碑，是否值得去。最后你才会动身去这家饭店吃饭。我们分析一下在这个案例中狭义的需求和广义的需求。

1. 狭义的需求

狭义的需求只包括解决“饿”这一最核心的需求，即吃饭本身，不包括找饭店、看口碑等辅助活动。狭义的需求只围绕产品本身，不涉及周边活动。本章主要讨论狭义的需求。

2. 广义的需求

广义的需求包括整个过程，其实就是本书的四个主题：基础、需求、信任、助推。广义的需求中嵌套着许多狭义的需求。

第二节　产生需求

需求的产生有两个必要条件：客户和应用场景。没有客户就没有需求，没有应用场景同样没有需求。

一、应用场景说明

首先，我们需要明确什么是应用场景，以及它具有怎样的重要意义。

1. 应用场景的定义

应用场景用5W2H（who谁、when什么时间、where在什么地方、what做什么、why为什么要做、how怎么做、how much做到什么程度）来定义正合适。我用吃方便面的例子来说明应用场景：我（谁）下班后（什么时间）回家（在什么地方）打算吃个泡面（做什么）。我很饿，家里也没有其他吃的，订外卖既贵又要等好久（为什么要做）。我烧开水，把面泡上（怎么做），等3分钟后，面软了（做到什么程度），就可以吃了。

2. 应用场景很重要

没有应用场景，产品就一无是处。网上有一个幽默的视频：一位丈夫坚信智能手机是生活中不可或缺的工具。他观察到妻子依旧使用传统方式——用笔撰写稿件，教女儿在纸上绘画。对此，他积极展示移动设备在写作和绘画上的便捷与优势，试图说服妻子接受这一现代生活方式。尽管妻子未置可否，但有一天，当丈夫在卫生间遭遇无纸尴尬时，戏剧性的一幕发生了。他呼唤妻子递送卫生纸，妻子却递给他一个iPad，上面是一张卫生纸的图片，并附上了她的话语："生活的一切离不开手机。"这一巧妙的反击让丈夫无言以对。强大如手机都有搞不定的应用场景，更何况其他产品呢。所以，我们需要先搞清楚产品的使用场景。

3. 应用场景分类

根据产生方式的不同，场景可分为自动进入和激发产生两种类型。

1）自动进入场景

人们在生活中总会不自觉地进入某个场景，从而产生需求。例如，进入下雨的场景时，你会产生避雨的需求，会主动去买伞以免淋雨。又如，当你逛街时饿了，进入这个场景，你会产生吃东西的需求，从而主动找餐馆吃饭。当事人自动进入应用场景后，会明确自己的需求。因此，找到这些有内在需求的人非常重要，在他们产生需求后，要第一时间确保自己能被他们找到。

2）激发产生场景

有时候，客户没有进入某个场景中，并不知道自己需要什么，这时就需要外人帮助他建立应用场景。有个段子是这样的：小明的好友即将步入婚姻的殿堂。某天，好友邀请小明一同前往当地著名的家具市场选购沙发。在琳琅满目的展厅里，小明向售货员提出了一个意想不到的问题："哪些沙发适合睡觉？"好友感到困惑，不解地问："睡觉不是应该在床上吗？沙发主要是用来坐的呀。"小明神秘地看了好友一眼，意味深长地说："你能确定婚后每天都能安稳地睡在床上吗？"听到这里，好友恍然大悟，立刻转向导购员，坚定地说："我们要最舒适、最高端、最适合睡觉的沙发！"

在笑话中，小明的一番话让好友意识到了沙发的另一种重要用途。

想象一下，某个晚上，好友与妻子发生了小争执，结果被请出了温暖的卧室，无奈之下，他只能转移到客厅沙发上。幸运的是，他们之前选择了一张既宽敞又舒适的沙发，这张沙发在关键时刻发挥了重要作用。尽管不是在柔软的床上，好友依然能够在这张沙发上享受一段美好的睡眠。

要激发客户的需求，就需要先创造应用场景。那么，如何创造应用场景呢?

（1）讲故事。通过故事讲述的方式，将客户置于场景中，让他们感同身受，从而激发需求。

（2）视觉呈现。使用图像、视频或其他视觉工具来生动地呈现应用场景，使场景更加真实和吸引人。

（3）互动体验。提供试用、体验或互动的机会，让客户亲自体验产品在特定场景中的应用。

二、客户和需求

在任何场景中，客户都是最关键的变量，因为他们的需求、行为和反馈直接影响产品或服务的成功。

1. 你是客户

很多创业者在创业初期，都是把自己当作客户来对待，自己的需求就是客户的需求，从而更容易了解到客户的需求。例如，滴滴创始人程维因为赶飞机打不到车，所以创立了滴滴；又如，饿了么创始人张旭豪因为不愿意在下雪天出去买饭，而创立了饿了么。

2. 你不是客户

由于每个人的经验、习惯等不同，如果创始人完全把自己的需求当作客户的需求来对待，可能会导致偏离真正客户的需求。例如，我在学习社科类知识时遇到了困难，于是开发了一个学习系统，可以高效地记忆、测试、记录。后来我把软件推荐给我的几个朋友，他们都反馈说太复杂了，不愿意使用。这个结果让我很诧异，不得不重新审视客户的需求到底是什么。

3. 客户和客户是不同的

尽管客户可能会购买相同的产品，但他们的购买动机、使用习惯、需求和偏好可能会有很大的不同。常用的区分客户的方法是二分法。二分法是一种简化的分类方法，它将客户分为两个基本类别：属于某一特定类别的和不属于该类别的。例如，我在给对讲机客户做网站时，把网站的客户分为两类：懂对讲机的和不懂对讲机的。对于懂对讲机的客户，我给他们建立了按品牌分类的菜单，菜单包括摩托罗拉、建伍、威泰克斯。对于不懂对讲机的客户，我给他们建立了按功能和使用场景分类的菜单，菜单包括防爆对讲机、集群对讲机、车载对讲机、中继台等。

4. 购买者和使用者可能是不同的

很多产品的购买者和使用者是不同的人，需要综合考虑这些人的不同背景及不同需求。例如，母亲给孩子购买玩具时，更关注玩具的安全性和价格，而孩子则更在意玩具是否好玩。同样，在送礼场景中，送礼者会精挑细选礼品，并容易被页面上的内容打动，产生冲动消费。然而，当礼品送达收礼人手中时，收礼人是否能从产品中感受到特殊的价值，也是需要认真考虑的问题。

5. 相同客户在不同场景下需求是不同的

客户的需求并非一成不变，而是随着他们所处的环境、时间、心理状态、社会环境等因素的变化而变化。例如，一个人最初认为某家餐厅的菜味道不错，因此经常光顾。作为单身食客，他主要关注食物的口味，对就餐环境并无特别要求。然而，随着时间的推移，他的社交需求逐渐显现。当与朋友们一起就餐时，他开始寻求更加私密和安静的包间环境，以便更好地交流和享受聚餐的乐趣。再后来，当他步入婚姻生活，家庭的经济考量成为他决策过程中的重要因素。此时，他不仅关注食物的味道，还开始留意餐厅是否有优惠活动，以实现更合理的家庭支出规划。餐厅依旧是那个餐厅，但这个人的需求从只关注好不好吃，到需要安静空间，再到希望有优惠，需求是动态的，随着个人生活情境的变化而变化。

6. 同一客户的核心需求不能冲突

如果产品无法同时满足客户的多个需求，这可能意味着产品与客户期望不匹配，或者产品定位不够精准。我曾经看过一个新闻，说的是一个创业者考虑到打工人经常换工作，搬家不方便，所以为他们做了一款结实耐用的折叠桌。但是这个桌子因为用料扎实成本很高售价也高，打工人接受不了。这让创业者很郁闷。后来，他发现开车露营的人也需要这样的桌子，而且他们能够负担桌子的价格，于是这款折叠桌就在露营人群中大卖。在这个案例中，打工人的两个需求：一个是方便折叠、结实耐用；一个是价格便宜。这个折叠桌满足不了打工人对价格的需求，所以不适合打工人。但露营的人只在乎方便折叠、结实耐用，对价格不敏感，所以折叠桌适合露营的人。

7. 不同客户的需求之间不能相互干扰

由于我们服务的客户可能是几类人，他们的直接需求又可能存在冲突，因此需要避免为了满足一类人的需求而影响另一类人的需求。例如，餐厅有人想边吃边看电视，特别是在世界杯期间，餐厅购买了大电视。然而，有些食客不喜欢在嘈杂的环境中吃饭，显然餐厅增加电视满足一类人需求的同时影响了另一类人。再如，浏览企业网站的客户，有些人喜欢看图，有些喜欢看文字，有些喜欢简洁内容，有些喜欢复杂内容，众口难调。怎么办呢？可以有以下几种选择：

（1）分区管理。为不同客户划分不同区域。例如，许多餐厅设有包间，可与大厅分隔开。又如，京东商品页，上方为图片区，下方为详细内容区。

（2）走向特色。只接待特定群体。例如，如果发现爱看电视的人消费高，就在门口提示："本餐厅只接待爱看电视的顾客"。

（3）合理结合。相互不干扰。例如，在网站上增加折叠功能，默认隐藏折叠内容，使页面看起来简洁。想了解更多信息的客户，只需将鼠标移上去，内容就会自动展开。

我们可以用字母A、B来表示不同的客户需求，简化后的标识为：分区管理（A|B）、特定客户（A）、合理结合（A+B）。

8. 给客户提供与其需求层次匹配的产品

通过马斯洛需求层次理论，可以帮助我们判断自己的产品和服务是否满足客户的需求。例如，购买红旗车的车主，他是为了满足尊重需求，需要保持车干净、整洁，那么方便的清洁工具或者洗车店的会员卡，车主大概率会需要。但车内外的饰品就不会成为他的选择，因为这破坏了他的需求层次。又如，专职跑网约车的司机，跑车赚钱满足了他们的生理需求，他们希望降低运营成本，那么打折的加油卡就是他们非常需要的产品。

9. 满足客户需求的多种选择

满足客户需求的方式有很多种，可以从界面、定位、形式、功能、需求等方面逐步扩展。例如，麦当劳可以帮助客户解决一顿午饭，那么还有哪些竞争对手也可以帮助客户解决相同的问题呢？参见表2-1。

表 2-1 麦当劳的竞争对手

竞争对手	说明
直接的竞争对手，如肯德基	产品界面定位一样
所有的快餐企业，如丽华快餐、真功夫	产品定位一样
所有的餐饮企业，如海底捞、全聚德	产品形式类似
所有吃正式餐的，如在家吃午饭	功能一样
所有解决温饱问题的方法，如泡方便面、吃零食	需求一致

10. 客户未意识到的需求

有时候客户并未意识到某种需求，但商家满足了他的这些需求，这可以提升转化率。例如，《顾客为什么购买》一书中有一组数据：在拿购物筐的顾客中，真正购买商品的比例为75%，而在不拿购物筐的顾客中，只有34%购买了商品。因此，作者建议，当顾客拿着3件或3件以上的商品时，店员应递给他一个购物筐。你看，购物需要一个购物筐，但很多顾客并未意识到这一点。找到客户未意识到的需求较为困难，难以通过填写调查表来完成，通常需要通过观察客户的行为来判断，并且需要不断进行测试，才能发现这些隐藏的需求。

11. 客户需求组合

客户从来没有单一的需求，所有需求都是一系列需求的组合。例如，购买汽车的客户不仅需要交通工具的基本功能，还可能关心油耗、安全性、品牌价值和设计感。一系列需求再进一步，就是一系列问题的解决。例如，去火锅店用餐时，在门口排队，人们需要等待很久，问题出现了：如何让人们愉快地度过这段时间？下单后，会不会等很久？菜上来了，味道怎么保证？吃饭过程中，手脏了怎么办？吃完饭，衣服上有味道怎么办？海底捞正是解决了上述一个又一个问题，所以大家都称赞海底捞服务好。

12. 客户需求升级

客户的满意度和需求是动态变化的，这种变化受到多种因素的影响，包括个人成长（环境变化）、技术进步和社会趋势等。

（1）个人成长。当基本需求得到满足后，客户会追求更高层次的需求。例如，在拥有一辆具备基本功能的汽车后，客户可能会追求更豪华、更高科技的车型。

（2）技术推动。新技术的出现往往会催生新的需求。智能手机的普及就是一个例子，它不仅满足了通信需求，还带来了拍照、娱乐、支付等新需求。

（3）社会文化影响。社会文化的变化也会影响客户需求。例如，随着健康意识的提升，人们开始追求更健康的饮食和生活方式，从而产生了对健康食品和健身服务的需求。

13. 客户选择的总成本

产品的核心价值是客户选择购买的主要原因，但周边价值同样对客户的判断和决策有重要影响。例如，一家三口生活在一居室，在孩子小的时候还行，孩子大了，就需要考虑换一个两居室的大房子了。但是，大房子必须是装修好的，这样一家三口才会住进去。他们需要大房子的前提是满足当前生活的需要，在这个基础上，大房子才有意义。如果只是房间大而不能正常生活，对他们来说没有任何价值。

如果一个产品还不能解决客户上下游的需求，就不要轻易上线，否则必然会失败。例如，企业采购新的管理软件，不仅要考虑价格，还需考虑后期维护、员工培训等问题。

三、情绪影响需求

情绪对需求的影响非常关键，因为情绪状态可以改变我们对事物的看法和反应。

1. 激发需求

以下情绪会激发客户的需求：

1）恐惧

恐惧是人类面对潜在威胁时的一种本能反应，其目的是避免危害的发生。例如，自从小区安装电动自行车充电桩后，就经常在楼梯口看到充电桩的广告，通过展示火灾事故来引发居民的恐惧心理，促使更多人选择在车棚内充电，从而提高了充电桩的使用率。然而，这种恐惧心理也导致了意想不到的结果：我因广告的影响，将不常用的电动车低价出售，彻底远离了潜在危险。又如，2011年日本福岛第一核电站核泄漏事件。核泄漏的消息引发了公众的恐慌，许多人误以为食用加碘盐可以预防核辐射，从而导致一些地区出现抢购食盐的现象。然而，这种恐慌更多源于对未知灾难的恐惧，而非基于科学依据。

2）亏欠

当一个人获得了来自别人的恩惠，就会产生亏欠感，从而他会想方设法回报对方。在升降桌的故事中，我因不愿让升降桌成为废品，通过淘宝搜索“升降桌控制器”并找到一家闲鱼店铺。老板让我拍照确认型号，询问故障症状后推荐了合适的控制器。几天后，他主动打电话问我弄好了吗，服务非常到位。更换控制器后，桌子恢复正常工作，让我对他充满感激。心想再从他那边购买一些其他必要的东西，但因店铺商品有限，只好作罢。

3）震惊

当产品的功能远远超越客户的需求时，客户会感到震惊，并更愿意下单。例如，华为Mate XT非凡大师三折叠屏手机于2024年9月10

日正式发布，以其创新设计和先进技术吸引了广泛关注。这款手机展示了未来科技的无限可能，其预售量已突破400万，体现了客户对这款产品的极高期待。又如，我开发的用户行为轨迹系统在国内一家知名数据公司推广时，一位拥有15年数据分析经验的公司创始人在看到演示的PPT后，表示这是他第一次见到如此简洁有效的用户分析图，用户访问行为一目了然，随后顺利签订了代理协议。

4）敬佩

人们都敬佩善良和真诚的人，也愿意帮助他们实现目标。例如，浙江大学博士生肖小娥在网店买橘子时，蜜橘商家陈凯得知顾客是为了做科研，马上决定免费给肖同学寄一箱。消息刷屏后，陈凯被网友亲切称为“最美卖橘人”。据了解，陈凯是浙江台州涌泉镇西柯岙村一位普通青年，平时他和妻子经营着一家网店，卖自家和亲戚家产的橘子，网店规模不大，但口碑一直不错。如今，陈凯家的网店成了网红店。据初步统计，全村240万斤的涌泉蜜橘均被订购一空，但只能满足订单的十分之一。又如，2024年8月10日，河北廊坊固安永定河畔，北京火锅店老板栾留伟在营救3名落水儿童后不幸牺牲。他的见义勇为行为激发了社会广泛的敬意。为缅怀这位英雄，人们纷纷前往他的火锅店，排起长队，以此特殊方式向他致敬，传递着无声的爱与良善。

5）同情

当人们对他人的遭遇表示同情时，这种情感可以激发帮助他人的愿望和行为。例如，曾有一则新闻说的是一位瓜农因运输受阻，西瓜滞销，蹲在路边流泪。路人拍视频上传网络，称“老农一车西瓜卖不掉，急得直哭”。视频迅速传播，引发公众同情。当地网友自发组织“爱心购瓜”，许多人专程驱车前往购买，还有企业团购数百斤。当地媒体介入，帮助联系超市和社区团购。西瓜很快销售一空，滞销难题得到了解决。和其他情绪产生真实需求不同的是，同情产生的是帮助对方的需求，购买产品只是这种帮助意愿的折中方案。

6）好奇

好奇心可以成为强大的驱动力，激发客户对产品的兴趣，促使他们了解更多信息，甚至产生购买行为。例如，我在电视里看到悬浮陀螺的演示，很好奇，它是如何悬浮的呢，于是买了一个。又如，很多公众号会使用引发好奇心的标题，比如“你所不知道的5个学习方法”，从而吸引读者点击浏览。

2. 削弱需求

当客户产生以下情绪时，需求就会减弱，应避免触发。

1）恼火

如果产品在使用中让客户产生了恼火的情绪，那离放弃的日子就不远了。例如，我在超市里买过一次某品牌的豆奶，一个大袋里装很多小袋的那种。我拿出一小袋，想撕开口，结果费了很大劲也弄不开，换个地方再撕，袋子是撕开了，但豆奶粉弄得到处都是，这让我很不爽。后来我就再也没有买这个牌子的豆奶。所以，尽早、尽快发现令人恼火的问题，是留住客户的最有效方法。

2）失望

当客户对某产品或品牌感到失望时，其再次购买的可能性就变得非常渺茫。例如，苹果手机作为全球知名的智能手机品牌，曾经引领了智能手机的潮流，拥有大量忠实的客户。但最近几年，因苹果手机创新不足、价格昂贵、兼容性差、售后服务响应慢等问题越来越突出，使客户越来越失望，进而纷纷转向购买其他品牌的手机。

第三节　分解需求

我们需要分解客户的需求，有助于更精准地理解和满足客户的实际需求。

一、产品需求的分类

客户对产品的需求可分为本体需求和载体需求两大类。

1. 本体需求

本体需求是指产品本身能够满足客户的需求。也就是说，没有了产品本身，需求也就无法满足。本体需求常见的有功能需求、资产需求和情感需求等。

（1）功能需求是指客户使用产品来完成最基本的功能。苹果可以用来食用，螺丝刀可以紧固螺丝。有些产品则具备多个功能，都是客户需要的，缺一不可。例如，炭雕（活性炭环保工艺产品）摆放在屋里，既可以过滤甲醛，又可以装饰环境。

（2）资产需求是指客户使用产品实现资产的保值、增值。例如，购买黄金，因为它被视为一种避险资产，能在经济动荡时期保持价值稳定。

（3）情感需求是指客户通过产品来满足个体的心理健康和幸福感等。例如，猫、狗等宠物为饲养者提供了无条件的爱和陪伴，有助于减轻他们的压力和孤独感。又如，听音乐能够激发情感共鸣，无论是激昂的摇滚乐、舒缓的古典音乐还是轻松的爵士乐，都能根据个人情绪状态提供相应的心理慰藉。

2. 载体需求

载体需求是指载体本身无关紧要，但载体所承载的内容能够满足客户的需求。载体所承载的内容通常不会变化，但载体会变化。载体需求常见的有情感需求、社会性需求、精神性需求等。

（1）情感需求是指物品或符号所承载的个人或集体情感价值。这种情感价值可以是积极的，如快乐、怀旧或爱，也可以是消极的，如悲伤或恐惧。例如，旅游景点的纪念品承载着美好的快乐时光。如果没有买纪念品，只看到在景点拍摄的照片，也能让我们回忆起那段美好时光。又如，一款复古风格的手表可能被设计来唤起人们对过去美好时光的怀旧情绪，从而吸引那些对经典设计有情感依恋的顾客。

（2）社会性需求是指个体在社会中获得地位、声望和认同的需求。这些需求与个体的社会归属感、自尊和自我价值感紧密相关。例如，在20世纪90年代，“大哥大”（早期移动电话）因其高昂的价格和稀缺性成为财富和地位的象征。随着技术的发展和生产成本的降低，手机逐渐普及，成为日常通信工具，不再专属于特定社会阶层。又如，一个人可能通过参与当地的慈善跑步活动来满足社会认同需求，同时提高自己在社区中的声望。

（3）精神性需求是指在更深层次上，客户可能寻求与产品相关的精神价值和生活意义。例如，购物时使用帆布环保购物袋，可以表明自己是一个环保人士。又如，一些户外运动品牌可能会强调探险和自我挑战的精神，吸引那些寻求个人成长和自然体验的客户。

二、对产品信息的需求

在餐厅吃饭前的需求是什么？那一定是先看菜单。这也让我想起很久之前，有一个做营销的朋友问我：你说网站卖什么？我说：卖产品呀。他说不是，是卖图片和文字。这个回答让我恍然大悟，确实如此。对产品信息的需求是购买产品前最重要的需求，不仅帮助客户评估产品是否符合他们的需求和预期，还能减少购买后的遗憾和退换货的可能性。那么客户对产品信息有哪些需求呢？下面简要介绍一下这方面的需求。

1. 多、全、细、时

对于不同性质的产品，多、全、细、时也有不同的定义。

1）线下

在线下，如麦德龙超市购物。在这里，多、全、细、时表现为：

（1）多。每种商品数量多，不存在买不到、缺货的情况。

（2）全。商品种类齐全，例如，啤酒就有几十种品牌和口味。

（3）细。细节做得好，例如，买肉都在专门的销售间，售后有保证，质量信得过。

（4）时。新鲜商品，例如蔬菜、水果、酸奶。

2）线上

在线上，如京东商城购物，在这里，多、全、细、时表现为：

（1）多。内容多、图片多、产品多。

（2）全。产品种类齐全，可以满足不同需求。

（3）细。功能介绍、售后服务都很细致。

（4）时。产品是最新款的，内容也经常更新。

2. 预期的一致性

提供客户所需信息是确保沟通有效性和满足客户需求的关键。例如，我在某电商平台的网页上看到一个沃柑的信息，很想购买。我按照提示使用微信扫码，但打开的并非沃柑购买页面，而是秒杀页，且在秒杀页中也没有找到沃柑，最终未能购买到图片上的沃柑。又如，一家餐厅可能通过一致的服务质量、食物口味和餐厅环境来确保客户的预期与实际体验相符。

三、对产品的基本需求

客户希望对产品有更多了解，是因为他们想要通过产品信息做出明智的购买决策。了解产品的特性、功能、优势和潜在的局限性，可以帮助客户判断产品是否符合他们的需求和期望。

1. 更多形式的展示

在线上购物时，只能满足视觉和听觉的需求，而其他感知则需要通过文字、图片、视频来间接获得，因此需要全方位展示产品。例如，一位广西的“沃柑大叔”通过自己的独特方式，在网络上掀起了一股热潮。他凭借夸张的表情、幽默的台风和浓重口音的英文，成功地将武鸣沃柑推向了全世界，成为名副其实的“网红”。

2. 有场景，产品才有价值

产品只有在特定条件下才能体现出真正的价值。例如，一款防水相机在水下摄影时能展现出其真正的价值，但如果客户在没有水的环境下使用，就无法体验到其独特的防水功能。又如，有位微博博主分享了自己使用华为Mate60 Pro的经历：他说，在内蒙古库布齐沙漠里，微信发不出去，看着有微弱的信号，但电话打不通，处于失联状态。还好他有华为Mate60 Pro，通过卫星通话，他成功给父亲打了卫星电话，并给岳母发了两条卫星消息，都成功了。卫星消息还带有轨迹地图，可以看到定位的经纬度。当他拥有了卫星电话，来到这个偏远地区就多了一份保障，心里也更安心，可以更加放心地探索偏远地区。因为有了华为Mate60 Pro，在遇到紧急情况或需要救援时，可以及时拨打卫星电话并汇报定位。这个功能的确是救命的。

3. 扩展产品的基本属性

当客户对某些产品的属性习以为常时，往往会产生审美疲劳。此时，企业需要扩展这些属性，为客户提供更多选择。以福特T型车为例：其单一的黑色车身设计为竞争对手创造了追赶的机会。后来，雪佛兰推出了蓝色、绿色等不同颜色的车身，令客户耳目一新，纷纷选购。直到1927年，T型车才推出绿色、蓝色、棕色、灰色、红褐色等多种颜色，但此时距离T型车停产仅剩一年。又如，华为Mate60 Pro，通过引入卫星通话功能，为客户在偏远地区或紧急情况下提供了通信保障。这种创新功能不仅满足了客户的基本通信需求，还提供了额外的安全保障，从而在手机市场中凸显了其独特性。

4. 从产品属性到客户需求

相对于产品属性，客户更关心的是自己获得的好处。因此，我们需要将熟悉的产品属性，换一种说法告诉客户。例如，铅笔属性对应的客户好处，见表2-2。

表 2-2 铅笔属性对应的客户好处

特　色	好　处
六边形	不会从桌子上滚下去
7. 5 英寸长	7. 5 英寸的石墨芯可以书写很久
直径是 0.25 英寸	修长的造型容易握笔，使用起来比较舒服
2 号笔芯	石墨芯的硬度刚好，写起来滑顺又清晰
黄色外观	明亮又吸引人的外观，在铅笔盒或抽屉里特别显眼

5. 快速匹配

客户希望能够快速找到自己需要的东西，这要求产品设计者和营销策略制定者深入理解客户的需求，并提供直观、高效的搜索和筛选功能。例如，玩具商在快速匹配方面做得就很不错。当你想送孩子一个玩具时，又担心是否适合孩子，在看到标记年龄的标识后，你就有了更大的确定感。又如，电商平台通过智能的搜索算法和个性化推荐系统，能够根据客户的历史行为和偏好，快速展示客户可能感兴趣的商品，从而提高客户的购物效率和满意度。

四、对产品价格的需求

客户对产品价格的判断实际上是一种比较，即产品是否值这个价格。主要的判断从以下三个方面体现：有参考物可比较、价值比较、心理账户比较。

1. 有参考物可比较

客户在进行购买决策时，往往会寻找参考物来进行价格比较。例如，购买果汁时，会找相同类型但不同品牌的果汁做比较，也会找相同品牌不同处理方式的果汁做比较。又如，相同产品因位置不同导致价格变化，也会被拿来做比较。之前我爬山，到了山顶，一瓶矿泉水5元，而山下的超市相同矿泉水只需1.5元。

2. 价值比较

当没有可参考的产品时，客户会根据自身获得的价值来判断价格是否合理。例如，新的电子消费品上市，价格还很高时，发烧友或电子测评博主也会不计代价地购买，因为他们可以获得第一时间的体验，这就是他们认可的价值。又如，小马宋老师在《朋友圈的尖子生》后记里放了个收款码，没想到几年间还真收到了不少读者的心意打赏，其中最高的一次打赏金额达888元。看来同一本书在不同读者心中的分量确实不太一样。

你看到这里，已经阅读了本书一半的内容，这本书对你帮助大吗？如果打赏，你心里的价位会是多少呢？

3. 心理账户比较

购买的产品或消费的钱，如果处在不同的心理账户中，其感知和态度也会有所不同。例如，我搬了新家，需要购买一些装饰品，我看中了一款炭雕，它既可以当装饰品也可以吸附甲醛，价格只要几十块钱，感觉很便宜。然而，当家中长辈换了新房，我们想送一些小礼品时，虽然炭雕仍然是不错的选择，但又觉得价格太低，有些拿不出手。由此可见，相同的炭雕，在自用的心理账户和送人的心理账户中，对价格的判断就会产生差异。

五、对产品交付的需求

客户非常关注产品的交付时间，因为这直接关系到他们何时能使用产品。

1. 让客户看到时间

很多人在午餐、晚餐高峰期间在饭店吃饭，都会遇到上菜慢的问题。这个问题有两种解决方案：

（1）提升上菜速度。这需要餐厅进行系统性的改造，例如优化菜品准备、上菜路线、人员培训等，代价较大。

（2）解决客户等待焦虑的问题。上菜慢通常是客户反映的问题，解决不了问题，就解决客户的情绪。例如，明确告知客户具体的等候时间，或在超时后提供折扣或免单等补偿措施，这些都能有效缓解客户焦虑。借鉴西贝莜面村的做法，服务员在顾客点餐后立即放置一个沙漏，让顾客直观看到预计的上菜时间，这样在25分钟内就不会焦虑了。

2. 让客户自主选择

在网上购物时，客户通常希望能够快速收到商品。当交付时间超出预期时，客户可能会感到焦虑或不满。提供多种快递选项并允许客户自行选择，可以增加客户的控制感，减少等待时的焦虑，并提高整体的购物体验。例如，在购买商品的页面，增加可选快递方式：普通快递30元（3～5天送达），加急快递50元（隔日达）。着急的客户可以选择加急服务支付更高费用；注重实惠的客户则选择普通快递。由于是自主选择的结果，即使运输时间较长，客户也不易产生抱怨。

六、对客服的需求

客户对客服的需求直接影响他们的满意度和对品牌的忠诚度。响应速度、服务态度和专业能力是客服体验的三个关键要素，它们共同决定了客户在遇到问题时是否能够得到及时、有效和满意的解决。满足这些需求可以增强客户的正面体验，提升品牌形象，并促进口碑传播。

1. 响应速度

客户对响应速度的容忍度会根据不同场景而变化。理解这些差异对于提供有效的客户服务至关重要。在某些紧急或高压力的情况下，客户可能需要快速响应，而在其他情况下，他们可能对等待时间有更高的容忍度。购买前，客户选择余地很大，对售前客服的容忍度非常低，可能只有几秒钟，超过时间没有反馈，客户会立即离开。购买后需要进行售后时，客户没有太多选择余地，对售后客服的容忍度相对较高，甚至几个小时后仍会回来看是否有回复。

如果购买的是稀缺商品，只有这家店铺有，客户的容忍度会更高，愿意等待的时间也会更长。如果有提示，例如“现在线路忙，请稍候”，客户的容忍度会比正常情况下高一些。响应速度也能反映出商家的质量，因为响应速度越快，说明商家投入的人力资源越多，商家的实力也就越强。蚂蚁金融就是通过判断淘宝客服的回应速度，筛选淘宝商家的质量，并提供贷款的。

2. 服务态度

客户对客服人员服务态度的容忍度因人而异，这主要取决于个人的期望值、过往经历和当下情绪状态。部分客户对服务品质要求较高，而另一些则相对宽容。在购买决策阶段，由于客户选择空间较大，对售前服务的容忍度往往较低，稍有不满就可能转向其他商家。而在售后阶段，由于选择受限，客户的容忍度会相应提高，在问题未解决前通常会保持耐心。若购买的是独家供应的稀缺商品，客户的容忍度则会进一步提升。

3. 专业能力

客户非常关注客服的专业能力，这些能力包括沟通技巧和业务知识的掌握。关于客服的专业性，比较知名的案例是2011年京东商城的幽默客服事件。当时，当顾客抱怨手机配置低时，京东客服用轻松幽默的语言回复:“走自己的路，让别人说去吧”，既化解了顾客的不满，又维护了品牌形象。客服以幽默风趣的方式回应顾客的质疑，使京东迅速登上了微博热搜。

七、对产品的潜在需求

客户对产品的潜在需求通常包括常见问题、客户特别关注的问题和售后服务，因为这些方面直接影响到客户的使用体验和满意度。

1. 常见问题

客户在使用产品过程中难免会遇到各种问题。问题发生后，不仅会影响客户的正常使用，还可能影响客户的心情，甚至改变客户对产品的看法。因此，为了避免这些问题的发生，我们需要列出常见问题，让客户做到有备无患。同时，指导客户正确使用产品，使其达到最佳效果，也能减少我们的售后服务工作。以云耕物作红糖姜茶的常见问题为例：

提问：什么时间喝？回答：最好是中午前喝完，晚上避免吃姜，以免影响睡眠。

提问：生理期能不能喝？回答：宫寒，血黑，量少的话是可以喝的，因为此时气血不顺阳气不足，推不动血下来；量大就不需要喝，等结束时再喝。

2. 客户特别关注的问题

客户特别关注的问题通常是他们考虑购买产品时的决策因素。如果这些问题没有得到解决，客户可能会认为产品无法满足他们的需求，因此不会进行购买。例如，客户在购房时，前期特别关注户型朝向、交通、学区、楼层等因素，当这些都基本确定后，客户最关注的问题就变成了购买后房子会不会很快降价。所以，现在有些房企就出台政策：如果后期项目在销售过程中，出现低于卖房现有折扣价，或者出现任何变相折扣，如物业费、停车位等现象，那么购房者可以无条件申请退房。

3. 售后服务

当客户感受到企业在售后阶段的持续关怀和支持时，他们更有可能对品牌保持忠诚，并在未来继续选择该品牌的产品或服务。例如，我家的热水器是前业主留下的海尔牌热水器，已过保修期。联系海尔售后时，对方告知上门费是50元，第二天就派人过来修好了。后来又出现过其他小问题，售后人员再次上门简单处理后也未收取费用。

相比之下，有些企业的售后服务就一言难尽了。我的一位朋友购买了某品牌垃圾处理器，使用6年后出现故障。联系售后时被告知上门费需120元。第二天来人说修不好。由于已过保修期且“专业人士”判定无法维修，只好作罢准备更换新机。但抱着试一试的心态，他把旧机器打开，换了一个刀盘的螺丝，竟然就把垃圾处理器修好了。这一经历让我的朋友从此逢人便讲这件事儿，好似该品牌的“黑粉”。

第四节　满足需求

在探讨如何满足客户需求时，我们往往会走入一个误区：只需关注客户明确表达的需求。然而，真正的客户需求远不止于此。例如，客户选择餐厅时，他们通常会考虑菜品的口味，这是他们直接表达的需求。但除了这些明确的需求外，还存在一些隐性需求，比如餐厅是否提供洗手间，这些往往是客户不会主动提及，但对整体体验至关重要的。

本节将深入探讨商家如何全面满足客户需求。这不仅包括客户明确表达的需求，还包括那些未被言明但对提升客户体验同样重要的隐性需求。

一、满足基本需求

优先满足客户的基本需求是留住客户的关键。用户的基本需求通常是指客户最迫切、最核心的需求，这些需求的满足是建立客户信任和满意度的基础。如果这些需求得不到满足，客户可能会感到失望，从而选择竞争对手的产品或服务。例如，我办公的楼下有家新开业的饺子馆，我去吃过一次，味道不错，可惜分量小不够吃，还得点些其他的小吃补充。我问服务员，一份12个（24元）不够吃，两份（48元）吃不了，又太贵，是否可以点一份半18个（36元）呢？服务员说，不行，不过你可以点3个半份的。我一看，3个半份需要43元。后来，我发现他们在美团外卖上有一份18个的，售价32元，但线下却不提供，令人不解。其实餐厅应该满足顾客的基本需求，否则很容易失去客源。有些餐厅在这方面就做得很好，可以免费加饭，提供免费小菜和水果等服务。

二、满足真正的需求

我们不能仅仅以卖出产品为目的，而是要以满足客户真正的需求为目标。如何找到客户的真实需求呢？可以通过多问客户几个“为什么”来挖掘。

下面以客户购买钻头为例，看看商家是如何满足客户需求的。

商家：您要买什么？

客户：我想买钻头。

商家：您需要多大的钻头？

客户：直径5毫米左右的就可以。

商家：您需要质量一般的还是质量好的？

客户：有区别吗？

商家：质量好的可以打更多孔。

客户：质量一般的就行，我用不了几次。

商家：那样的话，您只需要花一半的费用，我帮您打个孔。

客户：也可以的。

商家：您要打孔做什么呢？

客户：我孙女满月了，我想挂上她的照片，方便随时都能看到。

商家：哦，这样啊，挂照片确实太麻烦了。我推荐您用相册App，可以存几千张照片，还能把照片设为锁屏图案，随时浏览，特别方便。您看我的手机，就安装了这个App，我把全家的照片都放上去了，没事就看看。

客户：这么好啊，帮我也安装一个吧。

商家：好的，没问题。

在这个案例中，虽然商家没有卖出任何东西，但满足了客户的需求，获得了信任，卖东西是迟早的事。

三、适可而止

对于客户来说，产品的效用会随着数量增加而降低。例如，我购买了一款新口味的薯片，第一次吃时觉得非常美味。第二天忍不住又买了一包，依然觉得不错。但连续吃了一周后，现在看到这款薯片就感到腻烦，甚至很长时间都不愿再购买。

所以，商家需要帮助客户更好地规划消费，避免因过度消费导致的负面体验。例如，有些商家就提出了限购政策：每人每天只能购买一件商品。

四、顺应潮流

客户需求的不断变化是市场的自然体现，可能由技术进步、社会变迁、个人偏好变化或经济条件等因素引起。企业必须适应这些变化，以保持竞争力和市场相关性。例如，无线网络刚刚普及时，一些小的酒店，房间里既有网线（有线网络）也有无线（无线网络），使用非常方便。反而一些大的酒店，还是只有网线，没有无线，明显没有小酒店反应快。又如，随着大众健康意识的提高，食品公司也要跟着调整其产品线，提供更多低糖、低脂、有机选项，以满足客户对健康食品的需求。

五、重现需求场景

在满足客户需求时，我们需要尽可能重现客户需求的场景，从而让客户感觉达到预期，增加其满意度。例如，司机喝酒后找代驾，已经成为一个普遍共识。司机为什么找代驾呢？表面上看是寻求驾驶服务，实则是规避酒驾查处的风险，这才是核心需求。如果代驾一路没有碰到交警，部分客户会产生“服务不值”的心理落差，甚至降低后续使用意愿。有经验的代驾会专门选择查酒驾的线路行驶，目的是重现场景，让司机感觉幸好找了代驾，从而增强信任感并促使他们下次继续选择代驾服务。

六、折中的方案

在产品的决策过程中，考虑客户的不同需求并采取折中的方案至关重要，因为这样可以确保产品能够满足更广泛的市场需求。例如，汽车厂商在设计油门响应时发现，追求驾驶乐趣的用户希望油门反应更灵敏以快速加速，注重舒适性的家庭用户则偏好平顺线性的动力输出。如果只采用激进调校，家庭用户会觉得难以掌控；如果完全偏向平顺性，又会失去运动感。最终厂商通过提供“经济/运动”双驾驶模式实现了折中方案。

七、增加必要环节

增加必要的环节以降低每个环节的复杂度是一种优化客户体验的策略。这样做可以帮助客户更轻松地理解和使用产品或服务，减少他们的认知负担和操作难度。例如，之前我报名马拉松，当我看到需要输入十几条信息的复杂报名页面就犯怵了，后来找到的另一个报名网站，他们把很多项目拆解成了三步，这样就感觉压力小了很多，我很快就完成了报名。又如，之前我用裤兜装身份证，动作稍大点身份证就有可能掉出来。后来我买了一条裤子，欣喜地发现，在裤兜里多了一个小兜，正好适合放身份证，而且不容易掉，真的太方便了。

八、在恰当的时候满足需求

时机对于满足客户需求至关重要。提供服务或产品太早，客户可能还没有准备好接受，从而无法充分认识到其价值，甚至可能因为不感兴趣而产生负面看法。相反，如果提供服务或产品太迟，客户可能已经失去了耐心，或者已经通过其他途径满足了需求，这会影响他们对服务或产品的满意度和企业的信誉。

1. 等待客户需要

等待客户主动求助再提供产品或服务是一种被动的服务策略。其实很多商家都习惯主动推销产品，但有时候这种热情反而会让顾客觉得有压力。例如，我一进店最怕店员立刻迎上来问“需要什么”，这时候往往还没想好要买什么呢。我更喜欢自己先慢慢逛一逛，有需要再找店员帮忙。相信不少人都跟我有同样的感受。

现在很多图书馆的自助借还系统做得比较好，读者可以自行完成借阅和归还操作，既保护了隐私又提高了效率。手机软件也是同样的道理，那些不常用的功能都收在“更多”或者“设置”里，不会一股脑全堆在眼前。比如手机中相机的专业调色功能就藏得比较深，想用的时候再调出来。

这种“被动式服务”方式最大的好处是：一是确保服务直接针对客户的实际需求；二是减少不必要的服务和资源浪费。毕竟只有顾客真正需要的时候提供的服务，才是最有价值的。

2. 在合适时机要求客户配合

只有在必要时，才能要求客户配合，以减少抵触情绪，增强合作意愿，从而提高服务效率和客户满意度。例如，送货时需要填写地址，才能向客户索要地址信息，而在注册时则不应索要地址信息。

九、不要捏造需求

需求是通过激发而非捏造出来的。这之间的区别在于使用场景出现的概率。激发需求是为客户找到一个适合他的场景，而这个场景发生的概率不是零。例如，在没有智能手机的年代，客户无法随时随地观看电影；而智能手机的出现让这一需求得以实现。又如，保险或灭火器虽然只有小概率会用到，但其发生的概率并非零。

相反，捏造需求是指在很长时间内，客户都不可能有适合的使用场景。例如，向孕妇推销小学英语资料，这种需求在很多年内都不可能用上。又如，2001年春晚小品《卖拐》中，通过忽悠手段将拐卖给一个双腿健康的人，在2002年的《卖车》中进一步揭示了这种需求的荒谬。

第三章　信任层

所有销售行为都建立在信任的基础上。没有信任，交易就很难达成。2008年我帮客户做了一个对讲机网站，上线后的后台数据显示，访问最多的是“关于我们”页面，其次是产品页。这也说明客户在考虑购买时，会先确认这家公司是否可靠。

第一节　信任的分类

信任按照不同的视角可分为三类：感官信任、商家描述、第三方背书。

一、感官信任

耳听为虚，眼见为实，客户更相信自己亲眼所见。

1. 位置

一个好位置能够让人相信这个公司有实力。这个位置可以是实际的，也可以是虚拟的。例如，很多金融公司都喜欢在北京CBD核心商务区办公，而且动不动就租下整层楼以展示自身实力。曾有客户告诉我，在百度搜索结果中，他只相信第一名，因为这证明了公司的实力。

很多企业愿意参加各种榜单排名活动，如电动自行车十大品牌排行榜、手机十大品牌排行榜等。对于客户来说，好位置帮助他们节省了筛选的成本。所以，占据一个好位置，信任度会大幅提高。

2. 平台

在具有较高公众认可度的平台上，企业或产品的信任度可以显著提升。这是因为人们往往会将平台的声誉和可信度延伸到其上的品牌和产品。人们选择网购的优先级一般如下：

（1）电商平台自营渠道：主要用于采购价格相对较高且使用周期较长的商品品类。

（2）主流电商平台的品牌旗舰店：作为自营渠道缺货时的备选方案。

（3）第三方C2C（消费者对消费者）电商平台：用于购买特色商品或稀缺品类。

（4）特定电商平台：用于标准化程度较高的商品采购。

3. 外观

人们在心理上对外观有一定的信任标准，这通常是基于社会共识、个人经验和文化背景等。当产品或服务的外观符合这些标准时，人们往往更容易产生信任感。例如，我曾看过这样一段有趣的视频：有两位外国小哥穿着维修人员的工作服，扛着人字梯，进入车站，乘坐游艇，进入高级餐厅，入住五星级酒店，居然一路畅通无阻。这是因为人们普遍认为他们是修理工，因而值得信任。

4. 专有

标记有品牌名称的专有办公用品、运输车辆、厂房等，这些都需要投入大量资金和营销推广，只有资金雄厚的公司才能做到。例如，一次我在上班的路上看到一辆厢式货车，车厢上写着“大自然床垫”，品牌字体特别大。当时我就想，如果我要买床垫，就选这个品牌，因为其他小品牌都是用第三方快递送货，而这个品牌有自己的快递送货，实力非同一般。后来一查，这个品牌果然很厉害，是上市公司，还是中车集团旗下的品牌，1990年就开发出第一款产品了。

5. 第一印象

人们很重视第一印象，良好的第一印象有助于建立信任。第一印象包括品牌形象、产品展示、专业水平等方面。例如，很早以前我写过SEO（搜索引擎优化）电子教程，在网上火了很长时间，那时候我去拜访客户穿着很随意，也能成单。后来，我开发的用户行为轨迹系统上线了，很多人对我仍停留在以前的印象，认为我只是一个程序员，这导致拜访客户时成单变得困难。有一次，我和朋友谈起这事。朋友说，你注意一下你的形象，别老把自己当作程序员，随随便便的。后来，我就开始穿得正式一些，刻意注意自己的形象。果然，单子的成功率提高了。

在我的经历中，当我写SEO教程时，客户将我视为“SEO专家”，对外在形象的包容度会更高。而当我推广用户行为轨迹系统时，客户对我的第一印象就是一个产品推销员，会按推销人员的标准来衡量我。

6. 自我感受

当人们基于自己的直接体验对某事物作出评价时，这种信任感往往更加强烈和持久。例如，很多客户在购买汽车时都喜欢试驾，通过试驾可以亲身体验车辆的性能和特性，同时也能够对车辆有一个更加全面、深入的认识。又如，超市提供的试吃是一种常见的营销策略，通过试吃，客户可以立即感受到食品的口味、质感和新鲜度，从而增加对食品的信任度，加快购买决策。

二、商家描述

商家向客户正确地介绍自己和产品，才能赢得客户的信任。因为透明的信息和真诚的沟通可以减少客户的疑虑，从而促进交易的完成。

1. 第一

在某行业获得第一，或者第一次做了某件事，通常会让人信任。类似的还有发明者、首创、开拓者等。例如，万和作为厨卫行业的领军企业，其燃气热水器市场占有率连续十九年保持行业第一，这一成就源于公司在该领域的长期专注和创新。万和在燃气热水器技术上的突破包括多个行业第一：1992年发明的中国第一台超薄型水控式全自动燃气热水器；1999年推出的全国首台强制平衡式燃气热水器；2001年成功推出的国内第一台冷凝式燃气热水器；2016年首创的搭载低氮燃烧技术的零冷水燃气热水器等。这些创新不仅提升了产品的安全性、节能性和舒适性，还树立了行业新标杆。

2. 专一

客户对专一的事物往往特别信任，因为专一通常意味着专注、专业和经验。例如，在杭州朝晖九区，一家名为“陈记水果”的店铺，虽不张扬却吸引了无数市民的目光。这家水果店并非因其种类繁多或装修豪华而引人注目，而是因其独特的经营模式——只销售香蕉，且一卖就是二十余年。“陈记水果”的店铺虽小，但日常销量却令人咋舌。据店主陈先生透露，店铺每日零售的香蕉数量就可达40箱，而批发量更是高达200箱。这样的销售业绩，在水果零售行业堪称独树一帜。

3. 权威

人们信赖权威，因为权威通常与专业知识、经验和可靠性相关联。在面临选择时，权威的意见往往被视为可靠的参考，可以帮助人们更高效地做出决策。例如，人们去医院看病，哪怕是小毛病，也总喜欢挂专家号，因为专家见多识广，能够很快对症下药。又如，一家医疗设备公司可能会展示其产品经过顶级医疗机构的测试和推荐，以增强客户对其产品的信任。

4. 专业水平

客户倾向于信赖那些展现出高水平专业知识和技能的个人或企业。例如，之前我给客户做SEO培训和指导，在几个小时内，我对客户提出的各种问题对答如流，客户对我的专业水平十分满意，因此非常信任我，很快就签单了。又如，现在很多车企喜欢花费巨资研制概念车，这些概念车有的为了验证某些技术，有的为了展示某种设计理念，不论怎样，都让客户看到了这家车企的专业水平。

5. 品牌故事

一个引人入胜的品牌故事，不仅能够展示品牌的价值观、历史和愿景，还能帮助客户与品牌建立情感联系。当客户感受到品牌背后的真诚和热情时，他们可能更信任该品牌，并对其产品或服务产生好感。例如，某户外运动品牌讲述其创始人如何在一次探险中获得灵感，创立了这个品牌，并始终坚持环保和探索精神，这样的品牌故事能够吸引那些热爱自然和冒险的客户。又如，海尔砸冰箱的故事是品牌质量管理的典范。1985年，海尔创始人张瑞敏发现76台冰箱有缺陷，决定亲手砸毁，以此唤醒员工的质量意识。这一行为不仅重塑了海尔的品牌形象，也奠定了其在家电行业的领先地位。如今，海尔以其卓越的产品质量和创新精神，成为全球知名的家电品牌。

6. 成功案例

展示一些高大上的成功案例可以显著提升人们对产品和服务的信任。成功案例通常涉及知名客户、重大成就或行业认可，这些都能作为服务或产品质量的有力证明。例如，央视新闻直播报道华为Mate 60

Pro搭载自研麒麟9000S芯片，突破技术封锁，成为“中国芯”代名词。又如，支付宝“双十二”活动承载数亿人扫码支付零卡顿。

7. 获奖

获奖可以证明产品质量不错，因为这些奖项通常意味着产品经过了专家或行业的认可。评选的平台越大，价值就越高。例如，20世纪80年代广告语中常见的“省优、部优、国优”字样，用来表示产品经过省级、部级或国家级的优质评定，以此证明产品的质量和信誉。

8. 特殊

在产品上增加“内部”“VIP”等字样，会让普通商品显得更可信。例如，农夫山泉包装标注“G20峰会指定用水”“中国航天员训练中心专用水”。然而，虚假标注也会引发严重问题。2024年2月上海警方根据公安部统一部署，斩断多个以“特供”“专供”为噱头、制售假冒知名品牌白酒的犯罪链条，抓获犯罪嫌疑人52名，查获假酒1.2万余瓶，涉案总额1.4亿余元。

9. 历史

一个有历史的商家通常被认为比没有历史的商家更值得信任，因为历史悠久往往意味着稳定性、经验和传统。例如，国窖1573是泸州老窖旗下的白酒品牌。酒窖始建于公元1573年，连续使用至今，已有450多年历史。又如，一家百年老店可能会讲述其几代人传承的故事，以及如何适应时代变迁，同时保持其产品的传统品质。

10. 现身说法

现身说法是指利用个人经验或故事来证明其产品或服务的价值，从而增加说服力，建立信任。例如，2000年富亚油漆老总为证明其生产的涂料无毒无害，亲自喝下涂料。虽然这种作法有点极端，但赢得了极大的新闻效应，当年公司销量直线上升。又如，最近几年波音飞机事故频发，卧底记者暗访调查，问装配工人一个问题："是否愿意乘坐自己组装的飞机？"竟然有67%的受访者直接表示"不敢乘坐"。装配工人的现身说法让人不得不怀疑波音飞机的质量。

11. 精确数字

精确的数字不是固定规律的数字，也不是拍脑门定的数字。例如，在京东上销售的二手笔记本电脑，价格就是没有规律的数字，比如1168元，1569元，显得很精确。又如，在美团上点外卖，价格很多都带小数点，22.9元、32.3元、0.99元、27.5元，看起来好像都是打折过的价格。

12. 大数字

客户在看到大数字时，通常会认为这家店不错，这是基于社会认同的心理。当人们处于未知环境中，不知道如何选择时，更愿意参考别人的选择。看到大数字，就像看到很多人选择了这家店，从而更容易认同这个选择。例如，在美团外卖中，小谷姐姐的月售订单量为9000多单，而米村拌饭的月售订单量为3000多单。同样，在华为终端微博上，粉丝数量达到两千多万，也反映了其较高的社会认可度。

13. 诚实

人们更喜欢与诚实的人合作，因为坦诚相待能减少误解和猜疑，让沟通更顺畅高效。那么如何展现诚实呢？关键在于坦然承认自己的不足。例如，浮墨笔记在网站的首页就声明了自己不擅长的内容："我们不擅长任务清单，不擅长团队协作知识管理，不擅长思维导图，不擅长文档写作，不擅长大纲写作。"这种做法让人感觉他们很诚实。又如，华为创始人任正非经常公开谈论华为的短板和面临的挑战，在2019年接受采访时坦言“华为在某些技术领域确实存在差距”，这种直面问题的态度，反而赢得了业界的尊重和信任。

14. 高价和低价都需要理由

高价或低价都需要合理的解释，因为客户通常会根据价格来判断产品的价值和质量。如果价格缺乏合理的依据，可能会引起客户的疑虑，影响他们的购买意愿。例如，淘宝上有一款蜂蜜2瓶250克卖5998元，确实很贵，所以商家就在内容里面说明了理由：产量稀少，一个蜂场三年才能采收一次××蜂蜜。经过现代化乳化工艺的打磨，从采集到装箱全程追踪，确保这款蜂蜜的高品质。又如，有一个同事中午和我说，某高端婴幼儿用品店要关店了，所有商品1～3折清仓甩卖。等下午下班后她过去，才发现不到4小时都卖完了。这家店平时商品质量很好，价格也很高，因为关店这个合理的理由，人们才认为占了便宜，否则可能会认为降价意味着低质量。

15. 可理解的高价

“一分钱一分货”的观念深入人心，因为它基于一个普遍的市场原则。通常来说，价格较高的产品，其服务往往具有更好的质量、更多的功能或更高的价值。例如，在《影响力》一书中有这样一个案例：珠宝店有一批宝石，价格不贵，只需要5美元，但是很久都没有卖出去，老板就写了一个纸条给售货员，让她们降价处理，只卖2.5美元，可能字迹模糊，售货员看成了25美元了，然后就修改了标签，结果没几天，客人们把全部的宝石都买走了。

三、第三方背书

拥有可靠的第三方背书可以显著提升信任度，因为这些第三方的信誉和权威性可以转移给被背书的品牌或产品，从而增加客户的信心。这种背书可以是知名人士推荐、政府背书、平台背书、明星代言、名人推荐、媒体报道、客户评价等。

1. 知名人士

知名人士通常因为他们的专业成就、社会地位或影响力而受到公众的关注和尊敬。他们的选择往往基于广泛的经验、深入的了解和独特的视角。因此，当他们在某个领域做出选择，很多人会认为这些选择是经过深思熟虑的，从而增加了这些选择的可信度和吸引力。例如，2014年，我去成都旅游，想吃正宗的四川名菜宫保鸡丁，最后选择到位于武侯区元华一巷的成都映象餐厅就餐。为什么选这家呢？因为之前我看到一篇新闻提到某国领导人曾在此学习制作宫保鸡丁，并称赞了这家餐厅的川菜，这让我觉得这家餐厅肯定经过了严格筛选，质量一定不会差。结果证明，我的选择没有错，他们家的宫保鸡丁味道确实非常地道。

2. 政府背书

政府背书通常被视为可靠和值得信赖的，因为政府机构具有严格的审查和监管流程，其认可代表着官方的认证和高标准。例如，在选购新能源汽车时，会优先考虑进入《新能源汽车推广应用推荐车型目录》的品牌，因为这份目录是由工业和信息化部审核发布的。政府部门的严格筛选让人相信这些车型在质量、安全性和性能上都达到了较高标准。

3. 平台背书

平台往往拥有广泛的客户基础和高度的市场信誉，因此它们的背书可以显著提升客户的信任度，增加潜在客户对产品的信任和兴趣。例如，阿里巴巴推出的“诚信通”会员制产品，以其独特的资质认证功能，为企业搭建起信任的桥梁。该功能通过第三方权威机构对企业身份进行独立认证，确保企业信息的真实性。同时，企业的交易信用将被长期记录和积累，形成良好的信用记录。这一机制赋予了“诚信通”会员在市场竞争中的显著优势，使其成为买家的首选合作伙伴。2020年调查数据显示，高达95%的买家和98%的卖家在进行交易时，会优先考虑与“诚信通”会员进行合作。

4. 明星代言

找明星代言，即利用明星的公众形象和信誉为品牌或产品背书，可以有效提升品牌的知名度和吸引力，增加消费者的信任感和购买意愿。例如，伊利选择中国女排前队长惠若琪作为品牌代言人，借助其健康阳光、积极向上的形象传递品牌的品质与活力。又如，运动品牌耐克聘请迈克尔·乔丹作为代言人，通过运动员在比赛中穿着品牌服装，展示品牌的专业性和可靠性。

5. 名人推荐

名人因其在特定领域的专业成就、社会影响力或公众形象而受到广泛关注和尊敬。当名人推荐某个产品或服务时，他们的推荐往往被视为权威和可信的，因此具有很强的说服力。在图书界，这已经成为常态。例如，《你当像鸟飞往你的山》就是一个例子，这本书在比尔·盖茨推荐后，受到了广泛关注。又如，小马宋老师的《营销笔记》由罗振宇、刘润、蒋青云、李叫兽、脱不花、何帆、香帅等近100位各领域知名人士联袂推荐。

6. 媒体报道

媒体报道通常被视为权威和影响力的象征，因为这些媒体机构拥有广泛的受众和专业的新闻标准。当一个品牌、产品或个人获得大媒体的关注和报道时，这通常意味着他们已经达到了一定的社会认可和专业水平。例如，我曾经有一个客户是做婚纱摄影的，被中央电视台新闻频道报道后，客户量明显增加。后来，这个客户就把这个新闻放在自己的官网上，放了5年之久。又如，广西北海的海鸭蛋在中央电视台报道后，名声大噪，加之电商的迅猛发展，为北海当地经济带来了巨大机遇。仅半年，北海海鸭蛋的销售量已超过4亿枚，超过了上一年全年的销售量，成为当地致富的“金钥匙”。

7. 客户评价

客户的真实评价是其他潜在客户获取信息的重要来源，他们提供了第一手的反馈，帮助人们了解产品或服务的实际表现和效果。当看到其他人的正面评价时，消费者更可能相信产品的质量，从而增加购买信心。例如，有一次我很想吃正宗新疆羊肉串，于是搜索周边的新疆菜馆，并找到了一家餐厅。这家餐厅的客户评价总体不错，如“手抓饭打卡之旅第四家，非常好吃！”“顾客多为新疆人和中东人，可见其正宗程度，想吃就早点来。”“性价比超高的新疆小馆。”“牛肉碎肉抓饭肉多且软入味。”我慕名前往，发现味道确实不错，尤其是羊肉串，后来就成了我经常光顾的餐厅。

第二节　影响信任的因素

客户对商家的信任是一个多维度的概念，受多种因素影响。

一、信任继承

当客户信任一个品牌或公司时，他们更可能信任该公司推荐或背书的其他产品、服务或合作伙伴。相反，如果信任缺失，客户可能会对品牌及其推荐的产品或服务持怀疑态度。例如，我住的小区之前物业服务比较好，因此我打算在下次装修时选择物业公司的装修服务。然而，最近物业服务质量下降，使我不得不重新考虑是否继续选择他们的装修服务。又如，许多大品牌（如海尔）在一个品类（如冰箱）上取得成功后，会继续使用该品牌推广后续产品（如洗衣机、空调等），这就是信任继承的体现。

二、情绪信任

情绪的力量是巨大的，当情绪出现时，我们的理智不得不让出决定权。

1. 同情

同情心使我们更容易理解和关心他人的感受，这种情感上的连接有助于打破隔阂，建立起信任的基础。然而，我在网上看到一个关于利用同情心获取信任的反面案例："父母双亡，自己只能辍学在家照顾弟弟妹妹，每天吃的是土豆……"2018年以来，一个名叫凉山孟阳的年轻女孩在网上迅速走红，她的"悲惨遭遇"一度感动了众多网友。走红后，凉山孟阳开始频繁直播带货，短短几年成为拥有386万粉丝的网红。直到2023年5月，凉山公安机关对凉山孟阳等网红虚假宣传进行调查，背后的真相和灰色产业链才浮出水面。

2. 恐惧

在恐惧的情况下，人们往往会寻求立即的安慰和解决方案。这种情绪状态会促使人们在没有充分思考的情况下，对提供帮助或解决方案的人或事物产生信任。骗子也深知这一点。常见的骗局是诈骗分子冒充公检法工作人员，以被害人的银行卡、社保卡、医保卡等信用支付工具被冒用，或被害人身份信息泄露，涉嫌洗钱、贩毒等犯罪为由，要求被害人配合调查，并发送虚假的“通缉令”“逮捕令”等法律文书，使被害人陷入恐惧，再让被害人进行“资金清查”或者将钱转入公检法指定的“安全账户”，以自证清白，从而实施诈骗。

3. 敬佩

当一个人或一家公司展现出令人敬佩的行为时，我们都会给予正面评价和肯定，同时也会对他们产生信任。2023年11月8日晚，多名旅客反映中国南方航空多条成都进出港航线机票的票价（不含机场建设费和燃油费）低至10元、20元、30元不等。11月9日中午，中国南方航空发布公告：11月8日晚在系统异常期间南航售出的所有机票（支付成功并已出票）全部有效，旅客可正常使用。许多网友在评论区留言，为南航这一做法点赞：“敢作敢当，给南航点赞！”“格局打开了”“虽然错过，但这波确实大气！”“佩服佩服！！！给南航点个赞”。相信这些网友在下次选择出行时，选择南方航空的概率会大幅增加。

4. 愤怒

愤怒是一种强烈的负面情绪，它可能导致客户对品牌或产品产生长期的负面印象。当客户感到愤怒时，他们可能会停止使用产品、取消服务或向他人传播负面评价，这些都会对企业的声誉和客户关系造成损害。例如，某知名主播在一次直播中介绍某品牌眉笔时，因对网友关于价格的吐槽作出不当回应而引发争议。相关话题迅速登上热搜后，涉事品牌产品跟着受到牵连，一天内销售额跌幅高达九成，该主播一夜掉粉数十万。

5. 厌恶

当客户对商家的行为、产品或品牌产生厌恶感时，通常意味着商家的信任度下降，可能导致客户对品牌产生负面看法，减少他们再次购买的可能性，甚至可能影响品牌的声誉和市场地位。例如，同样是抽烟的行为，在不同职业背景下给人的感受是不同的。如果比较出租车司机在等待乘客时抽烟与小商贩在售卖食品时抽烟，大多数人可能会对后者更加反感。

三、稀缺

当某样东西稀缺或难以获得时，人们往往会认为它更有价值。例如，我见过一家拥有几千人的公司，其网站页面底部居然还展示营业执照，这让我感到诧异。要知道，如今办理营业执照已变得非常容易，页面上展示每个公司都有的营业执照不仅不会让人觉得这家公司可靠，反而可能让人觉得它不够注重证明材料的选择。相比之下，我喜欢在公司网站上展示我的发明专利，因为这确实非常困难，需要经过长达四年的反复答辩。在15年间，我申请了4项发明专利，仅有2项获得通过，通过率仅为50%。然而，这些稀缺的成果可以通过后期加大研发投入来弥补。但有一种稀缺是无法弥补的，那就是时间。在阿里巴巴平台上，每个商品下方都会显示“诚信通”的年限，一旦起步晚了，就永远无法赶上。例如，在大家都续费的情况下，3年、6年的“诚信通”永远追不上15年的“诚信通”。

四、坏消息

当出现和自己相关的坏消息时，会导致信任度严重下降。如果处理不当，客户可能会感到被欺骗或忽视，从而降低对品牌的信任。例如，2024年3月底在江西上饶发生的房东“提灯定损”事件引发广泛关注，每月1000多元的房租，愣是整出了一万多元的磨损费，被网友戏称为房租界的福尔摩斯。这一事件对江西省的形象，尤其是旅游市场产生了严重影响，很多打算去江西旅游的人已经改变了想法。很多网友原本计划清明节要来三清山和婺源旅游的都纷纷退费，导致民宿老板苦不堪言，直言被恶房东坑惨了！

处理坏消息，淄博就做得很好。例如，2023年4月12日，一名女子去山东淄博旅游时，从火车站打车到一家炒鸡店，打车平台显示费用为15元，但乘坐本地出租车时，司机不打表，最终强行收取了20元。女子投诉后，淄博迅速进行了处理。淄博大众交通运输有限公司张店分公司工作人员表示：我们公司已经对驾驶员进行了批评教育，并将其辞退，主管部门也做出了相应处罚。我们还将加强对出租车驾驶员的管理，引以为戒。

五、占小便宜

当人们存在占小便宜心理时，可能因追逐微小利益而忽视潜在风险。例如，某地居民收到某电商平台“确认收货扫码领8元红包”的包裹提示卡，虽对操作存疑，仍出于“无成本获利”的心态扫描了二维码。参与者按指引完成提交后，成功收到平台转账，但被要求绑定手机号以解锁“邀请好友翻倍返现”活动。该用户为获得16元奖励，陆续邀请三位亲友注册，然而平台后续以“账户异常”为由冻结返现功能，且参与者均频繁收到商业推广信息，最终引发个人信息纠纷投诉。

六、不吉利

在某些情况下，不吉利心理也可以作为信任的基石，因为它与共同的信仰和传统价值观相关联。然而，它们也可能成为信任的障碍，尤其是在需要基于证据和逻辑做出决策的情况下。例如，还是那个“二战烧烤”的例子，没有哪个考研的人喜欢二战考研，还好烧烤店老板听劝，把“二战烧烤”改成了“一战烧烤”，不过晚了三年，肯定损失了不少利润。又如，晨光文具曾推出的孔庙祈福笔，迎合了广大考生和家长的心理需求，一上市就取得了不俗的业绩。

七、可得性启发

可得性启发是指人们往往根据手边最容易获得的信息来形成结论。毕竟获取和处理额外的信息需要付出时间和精力。例如，对于一个陌生的公司，我们不了解，只能通过网站来作判断。网站好，会感觉这家公司有实力；网站差，这家公司可能就很一般。我们看华为的网站，内容丰富，结构合理，一看就是大公司。又如，有一次，我浏览一个网站，发现新闻都是半年之前的内容，我认为这家公司可能已经倒闭了。仔细想想，网站新闻没有更新可能只是这家公司没有网管，或者是公司不善于使用网络进行宣传而已，和公司倒闭没有直接关系，但我的直觉就是感觉公司倒闭了，因为只有倒闭的公司才不更新内容。

第三节　提升信任的方法

采用以下方法可以提升信任度。

一、试用

对于不熟悉的产品，人们往往会产生不信任感。通过让用户完成产品的最小体验闭环，可以有效建立信任。例如，支付宝的网商贷曾推出10元体验活动，用户只需完成一次小额借贷和还款的完整流程，就能直观感受产品的便捷性。这种低门槛的试用方式让用户快速建立对产品的认知和信任。又如，母婴品牌常通过赠送小样培养用户习惯。惠氏奶粉曾在孕妈活动中提供试用装，当消费者后续需要购买奶粉时，会优先选择已经熟悉的品牌。

二、具体

在撰写内容时，要使用具体的信息。我们做个测试，如图3-1所示，如果需要刻录光盘，你会选择下面的哪个商家？

图3-1 刻录光盘宣传

大多数人会选择左边这个，因为内容具体。首先，可以看到光盘的具体样子。其次，能够看到具体业务类型。他的业务里明确注明了用途，还会给人产生一种可靠感，认为他的经验能帮我避免一些我不知道的问题，如光盘的材质选择、不同场合的要求等。

三、无私

无私是一种美德，它意味着行动时不考虑个人利益，而更多地考虑他人或公共的利益。无私的人因其行为的利他性，更容易被视为值得信赖的人。例如，小马宋老师曾遇到一位生意失败、负债百万元的求助者。对方希望出售一些商标缓解困境，但小马宋老师坦言商标的出售取决于买家的喜好和实力，这是一个长期且小概率的事件。尽管提供了专业建议，他仍主动退还了咨询费，并免费在公众号发文帮其推广那些商标，文章获得了超过10万阅读量，许多读者留言称赞他的无私。此后，更多客户因他的信誉而主动寻求合作。

四、下大成本

如果你在某个领域投入了大量资源，这表明你对该领域有信心，并愿意承担风险，这会增加他人对你的信任。例如，在医院中，我们经常能看到专家的介绍，这些专家通常拥有数十年的专业经验，他们在特定领域深耕细作，积累了丰富的知识和技能。这种深厚的专业背景不仅让专家在同行中获得认可，也让患者感到安心。又如，京东通过建立自己的物流网络，虽然在初期需要大量资金投入，但长期来看，这为公司提供了竞争优势，并为投资者提供了信心。

五、缩小范围

成为行业第一能够赢得他人的信任，但很多时候我们难以做到这一点。这时，可以缩小目标范围，在细分领域争取做到第一。例如，某书在当当网总销售量排名100名，显然这个成绩是拿不出手的。但如果限定在当当网的管理类书籍排行榜中，也许就能排名第一。通过这种方式，我们可以在细分市场中脱颖而出。

六、公开承诺

提供书面、公开的承诺是建立信任的有效方式，这种承诺可以是服务保证、质量承诺或任何形式的正式声明。它向客户展示了企业对其产品、服务或行为的坚定信念和责任感。例如，2022年金点原子锁在中央电视台播出的广告中承诺“100万元奖金，奖给第一个打开金点原子静音全自动防盗智能锁的人！”展现了品牌对其产品的极高信任。又如，2023年6月，双汇发展、新希望六和等十家肉制品行业龙头企业在市场监督管理总局主办的活动中向社会公开作出承诺，强调将坚持质量第一、安全至上，更好落实企业主体责任，确保食品安全。

七、利他行为

利他行为，即无私地帮助他人而不求回报的行为，往往能够激发对方的感激之情，并增加他们对你的喜欢和信任。例如，链家在全国门店推出的十大便民服务：①应急上网；②免费充电；③应急打印复印；④应急电话；⑤燃气圈存；⑥便民饮水；⑦询路指引；⑧走失临时联络站；⑨避暑、应急洗手间休息室；⑩爱心图书捐赠点。我曾多次使用这些服务，对链家充满感激，未来若有房产交易需求便会优先选择他们。

八、做好细节

大的任务通常会被关注，而小的细节容易被忽视，做好细节可以获得更多信任。例如，有一次我的自行车坏了，我决定去原来的修车摊找师傅修理。但那天原师傅未出摊，另一位修车师傅在场。在我犹豫要不要修的时候，这位师傅主动打招呼，于是我决定留下，但内心仍对他的能力抱有怀疑。在聊天中得知他是第一天出摊，这反而让我更加担忧。20分钟后，车修好了。这位修车师傅主动拿出一块干净的抹布擦拭车把，这一细微举动，瞬间让我对他产生了信任。因为平时修车时，车子被放倒后，其他修车师傅通常不会注意车把是否沾上土。

九、提供确定性

确定性是指对某件事情的结果或发生的把握程度。当对某个结果有高度的确定性时，通常会感到更加安心。例如，如果你到了国外，担心吃不惯当地的食物，可以选择去当地的麦当劳。麦当劳在全球采用标准化的运营模式，无论在哪家分店，点餐流程、菜单选项和口味都高度一致，这种确定性能让顾客清楚地知道每次消费会得到什么样的产品和服务体验。此外，我们小区门口经常有一辆面包车在固定时间卖面包和酸奶，加入他的购物群后，可以看到群公告明确标注每天不同时间在什么地方卖货，而且五年来从未迟到或早退，这种稳定性也值得小区业主的信任。

十、免除后顾之忧

客户在购买商品时，总会担心出现问题，这是非常自然的事，因为这些问题可能会带来额外的时间、金钱和精力成本。解决客户的后顾之忧，即提供有效的售后支持和保障措施，可以显著减少这些担忧，增加客户的信心，促使他们做出购买决定。例如，我在京东购买过一款骨传导耳机，使用半年后发现无法充电，产品仍在保修期内，京东迅速为我更换了一台全新的耳机，让我没有任何后顾之忧。作为消费者的我，后续购买的许多商品就都愿意选择在京东平台上购买。又如，一家饭店公开承诺“不好吃不要钱，上错菜不要钱，上菜慢不要钱，服务差不要钱”，自从推出这四项承诺以后，不仅消除了顾客的顾虑，饭店的营业额也大幅提升。

第四章　助推层

想有效助推客户决策就应确保基础、需求和信任的稳固建立。在本章中，我们将通过ABC（affection情感、behavior行为、cognition认知）态度模型来进一步理解客户决策的心理，实现从“我知道”到“我想要”再到“我购买”的转化。

（1）认知。客户对产品的认知是决策过程的起点，通过营销和教育活动提升客户对产品特性和价值的认识。

（2）情感。客户对产品的情感态度，包括品牌形象、客户体验和个人感受，这些都会影响其购买意愿。

（3）行为。最终，客户的认知和情感将转化为具体的行动，如购买、推荐或忠诚于某个品牌。

第一节　改变认知

通过建立客户的认知，商家可以适当引导，使其更有利于实现商业目标，如增加销售额、提高品牌忠诚度或改善品牌形象。

一、拒绝策略

拒绝，你没有看错。得益于我们在基础、需求和信任方面做出的努力，会有很多客户涌入。尽管短期内客户量会激增，但如果不加筛选地接受所有客户，轻则会让前面工作白费，重则耽误服务目标客户。所以必须拒绝不合适的客户。用下面这些方法尽快筛掉不合适的客户，别让沉没成本继续增加。

1. 自我放弃

拒绝的一个常见方法是提高标准，让标准超过需要拒绝的客户的承受能力，使他们主动放弃。例如，多年前我在一家团购公司负责百度竞价。当时，公司拿到一些演唱会尾票，需要打折销售。原拟定的竞价标题是“某某演唱会门票，仅2折”，虽然销售尚可，但转化率仅为15%。进一步了解后才得知，演唱会门票有多个档次（280元、380元、580元、780元、1280元、1580元），而我们拿到的尾票都是780元以上的。大多数客户原本期待的是280元或380元的2折票（56～76元），实际票价却不是。发现这一认知偏差后，我将广告改为“某某演唱会门票2折仅200元”，明确设置价格门槛后，不仅无效点击减少50%，转化率更提升至30%，至此实现了盈利。又如，许多奢侈品店装修豪华，据贝恩咨询报告显示，80%的奢侈品牌会刻意保持门店高冷形象（如使用大理石地面、严格控制灯光亮度）。表面上是为了塑造品牌调性，但实质上是通过营造一种隔阂感在筛选客户。调研数据显示，此类门店的“橱窗浏览者”进店率不足5%，但进店顾客的成交率高达40%，远高于普通零售店15%的平均水平。

2. 限定条件

当无效客户过多导致资源浪费时，最有效的方法是设置限定条件来屏蔽这些客户。例如，在百度推广中，如果发现某个地区的咨询客户虽然频繁但转化率低，就可以屏蔽这个地区。又如，我有一个客户是卖对讲机的，在百度竞价后台的搜索记录中有“对讲机　英文”“对讲机　教程”“对讲机　辐射”等信息类关键词，这些信息类关键词与购买无关，一直在消耗广告费，“英文”“教程”“辐射”这些词就需要加入限定条件中。再如，我们监控到一家奶粉网站，在饭点时下单较多，而在其他时间则看得多买得少，那么就可以屏蔽下单少的这些时间段的广告投放。总之，增加限定条件需根据投入产出比决定，不合适则调整，合适则维持。

3. 直接拒绝

对于不合适的客户需求，应尽早、尽快拒绝。因为满足这些需求可能会违背我们的价值标准或影响其他客户的体验。例如，一家餐厅有客人想吸烟，如果不拒绝，那些注重用餐环境的客人就会受到影响，下次可能就不来了，所以必须果断拒绝。又如，一家高档酒店如果允许穿拖鞋、背心的客人进入正式餐厅用餐，会破坏整体的用餐氛围和服务标准，影响其他客人的体验。该拒绝时就要坚决，必须守住自己的底线。

二、锚定效应

锚定效应是指人们在做出判断或决策时，往往会受到最初获得的信息或印象的影响，就像沉入海底的锚一样，固定了人们的思维和判断。锚定效应体现在助推上就是由于锚定物的存在，让我们感兴趣的商品显得不那么贵了。为了应用方便，下面将锚定效应按有参照物和无参照物来进行分类。

1. 有参照物

虽然有参照物，但也分为显著的参照物和内在的参照物。

1）显著的参照物

有非常明显的对比参照物，用于发现两者的差异。我们来看下面的例子。

（1）在购物网站上，一件商品通常会有两个价格，一个是原价，一个是现价，其中较高的原价就是参照物。

（2）不同商品之间的锚定，从而显得另外一件商品价格不贵。例如，看到12999元，9999元就显得不那么贵了。

（3）在主要产品11999元的锚定下，几百块钱的配件价格就显得不那么贵了。

（4）低价也可以做锚定物。某读书App会员2年365元仍然显得比较贵，但0.5元/天的低价锚点出现，一下子就感觉365元2年不贵了。

（5）除了商品之间的锚定，还有竞争对手之间的锚定。这让我想起一个小故事：同一条街上有两家煎饼摊，相同的煎饼，一家的价格比另一家的高很多，人们纷纷去价格低的那个摊位买，价格高的被人们称为奸商。人们不知道的是，两家煎饼摊其实是一个老板，就是通过锚定效应，让另一家的价格看起来便宜。

（6）房屋中介的一个常用销售方式是先带你看几个采光、位置、空间等都不太合适的房子，最后再带你去看他想卖给你的房子。这样你就会在这些房子之间进行比较，很快发现他想卖给你的房子有各种优点，从而加快决策速度。那些不合适的房子就是锚定物。

（7）因为有过一次新加坡旅游的经历，我在使用不同币种换算时总感觉没有换算前便宜。例如，一份午餐67新加坡元，感觉比换算后的358元人民币要便宜很多。

2）内在的参照物

虽然没有明显的参照物，但还是会受其影响。例如，苹果的抛光布售价145元，淘宝上相同功能的抛光布只需要2元。网上的一份调查显示，79%的人认为苹果的抛光布挺贵的。但是，苹果的抛光布一经发售还是被一抢而空。为什么呢？因为存在内在的参照物，就是苹果这个品牌。

2. 无参照物

锚定效应的这种类型虽然没有具体的参照物，但却有一个隐藏的标准，在选择时会不由自主地受这个标准控制，也称为心理账户。

1）送礼行为

它利用了人们对礼物的正面情感和期望回报的心理倾向。例如，在卖酒的商店里，经常会有礼品专卖柜，里面放置一些高档酒。由于是送礼专用，所以购买的客户自然会用送礼的标准来衡量，要拿得出手，价格就显得不重要了。例如，在“得到”创始人之一脱不花的演讲中有一个类似的例子：零售顾问黄碧云老师给一个种菜的农民出主意，把菜打包在一起，宣传口号是“进城看亲戚，带篮农家菜”，此时卖菜不仅是卖菜，而是给所有进城看亲戚的人提供一个非常有心意的伴手礼，这样才能够在路边卖菜卖上价挣到钱。

2）投资行为

当一笔钱用作消费时，我们想的是如何减少支出和提高资金使用效率；但用作投资时，我们更关注潜在回报率，愿意承担一定风险以期获得更大收益。例如，在购买家用电器时，是花3000元买一台普通冰箱满足基本需求，还是多花2000元升级为节能环保型冰箱。如果把这笔钱当作消费支出，就会选择更便宜的方案；但如果当作长期投资来看待，就会考虑节能冰箱每月省下的电费、更长的使用寿命，以及环保价值。这种思维转换直接影响着我们的购买决策。又如，很多企业为员工提供培训预算时秉持这种理念：将人才培养视为最具价值的长期投资。

三、定价策略

在价格上做出调整，使价格看起来不那么贵，是一种常见的营销策略，也被称为价格感知管理。这样可以帮助客户降低对价格的敏感性，更容易接受较高的价格，从而增加购买的可能性。

1. 小份定价

如果大份价格看起来很贵，我们可以分解成小份来定价。例如，在我们买菜、买肉等需要称重的地方，通常按斤或公斤定价。但对于一些高价值商品，如茶叶、果脯等，商家常采用按50克定价的方式，这种分割法能有效降低消费者对价格的心理抗拒。又如，在火锅店中，羊肉卷也不是按斤卖的，北京、天津、西安、沈阳的羊肉卷一份大约是225克；上海、南京、杭州、苏州、青岛、深圳的羊肉卷一份大约是200克。再如，在麻辣烫店，肉类都是按串销售，一串只需要几元钱，看起来更便宜。

2. 分期付款

如果总费用较高，分期支付能让单次支出显得更少。例如，在淘宝购买1000元的商品时，若选择花呗分3期免息付款，每期仅需支付约333.33元（总价不变），相比一次性支付，消费者更容易接受。

3. 非大整数定价

价格可能只少了一块钱，但感觉却好像更便宜了。为什么会这样呢？这是因为客户往往会关注价格的左起数字（即最左边的数字），而忽略了后面的数字。例如，京东上笔记本电脑的价格多以“999”结尾，有6999元、7999元、8999元等。

4. 远离整数价格

远离整数价格可以让价格看起来更真实。这是北京大学新闻与传播学院刘德寰教授在2005年的一项实验中得出的结论。当时，他在北京五道口服装市场租了个摊位。60元一条的牛仔裤他卖59元。来了一拨顾客，看了看摸了摸问："30元卖吗？"他在笔记中记下：定价59元，还价到30元。等这批客户走后，他又把价格调整到58元。又来了一批顾客，看了看摸了摸："25卖吗？"他在笔记中记下：定价下调1元，还价到25元。等这批客户又走了，他把价格调整到57元。再来一批顾客还价，张口就是："50卖吗？"他在笔记中记下：定价再次下调1元，还价到50元。为什么报价57元，还价却是最高呢？因为把定价变成57元的时候，顾客认为57元这个定价太精确了，一看就是个实价，没什么水分，可能成本就很高，不应该再拦腰砍价。

5. 中间定价

在定价策略中，提供多个选项能够满足不同客户的需求和偏好，同时利用心理定价技巧来提升成交率。中间价格选项往往被视为"合理"的选择，既不像最低价格那样可能引发对质量的怀疑，也不像最高价格那样令人望而却步。还是使用刘德寰教授的案例：2000年前后，他在五道口摆摊，从旁边紧邻的卖小家电的摊位上进了七款单放机，标价依次为46元、47元、52元、56元、57元、60元、72元。最终，顾客购买最多的是标价在中间区域的52元、56元、57元这三款产品。

6. 面子定价

面子定价通常用于高端产品或服务，目的是满足客户在亲友馈赠、正常商务往来等社交中的礼仪需求。例如，给礼品定价时，不宜使用带零头的定价，而应使用大整数定价，如5000元、8000元、10000元。

四、承诺一致

大多数人都是遵循言行一致的。这是我们从小受到的教育，言行一致是一种良好的品格。当人们做出承诺时，其行为一般会依照承诺去做。当商家利用这一行为特点时，人们也会顺势遵守承诺。

1. 低价策略

低价策略是先用低价把客户吸引过来，然后再推出高价的产品，客户通常会接受。例如，有一次某超市推出特价鸡蛋，价格仅为正常价的一半，当时我正好没事，闲着也是闲着，就去排队了。排到一半时，得知便宜鸡蛋卖完了。但来都来了，也不能空手回去，于是就买了其他东西。

2. 会员制

会员制之所以有效，在于它将承诺一致和损失规避很好地结合在一起。例如，当你花钱购买了京东Plus会员后，就好像和对方签订了一个合同，你得遵守这个约定，得在这儿买东西，这就是承诺一致在发挥作用。可当你想去别处买时，又觉得会员还没到期不用太浪费，为了避免损失，只好继续在这里消费。

3. 公开承诺

在公开场合，如果做出承诺后又反悔，会被人认为言行不一，这对个人影响会非常大，所以人们会坚持自己的承诺。现在最常用的公开场合就是微信朋友圈。在朋友圈发布的内容就相当于你的承诺。商家通常会这样做：

（1）商家有一些优惠福利，需要客户在朋友圈发布。

（2）需要客户在朋友圈集齐一定数量的赞。

（3）举办线下活动时，客户现场转发朋友圈。

做到上述任何一项，客户即可获得商家的优惠券或红包。

五、社会认同

社会认同原理是指在不确定或不熟悉的情况下，人们往往会观察并模仿他人的行为，以获得社会认可并减少决策压力的心理现象。

1. 制造热点

有目的性地制造一些商业热点，从而吸引客户模仿。这让我想起我18岁时做成的第一单生意。当时从山西大同运了一箱陈醋到集市，本地醋卖4毛一袋，我定价7毛。刚摆好摊喊几声“山西陈醋”，立刻有两人上前购买（外地特产自带稀缺性）。紧接着人群开始聚集，摊位前人越挤越多，忙得我应接不暇。短短5分钟内，30袋陈醋销售一空。而这就是靠“制造稀缺性+引发从众心理”自然形成的热点。

老城菜场有个20年饼摊，深谙“无队不开锅”的经营之道：摊前凑足五双眼睛才起灶，人散即刻封炉。忙起来手上动作快得很，闲下来就慢慢做。说来也怪，摊子前总等着三两个人——等着买烙饼的人往那儿一站，就是现成的活广告。

2. 罗列历史功绩

有的时候，不方便制造热点，就需要罗列历史功绩，让客户感觉很多人都选择了，跟着选择准没错。例如，我经常使用的就是罗列销售数据。××安保公司，10年服务3620位客人。辣椒酱灌装机10年累计销售15465台。又如，加多宝广告：“中国每卖10罐凉茶，7罐是加多宝。”

3. 选择数据

社会认同的一个关键点是使用的人要多。但有时候，明明很有实力，数量却不好看。这时候就需要选择合适的数据。例如，一家新开业的防水公司，负责人在这个行业里有十多年的经验，但自己创业时，手里只做了三个体育馆的工程。从数量上看，确实太少了，但施工面积达到了两万多平方米。普通人家面积只有一百平方米左右，两万平方米相当于两百户人家的量。因此，宣传方向可以选择两万平方米。选择数据并不是造假，而是选择客户认同的，且对自己有利的数据。

4. “我有个客户”

前面所有的社会认同，更多是群体性的，而非个性化的。客户总感觉可能不适合自己，觉得自己很特殊，所以会犹豫不决。这时候就需要给他量身定制一个“社会认同”。例如，有客户在购买我的服务“虚假流量识别”时，总是担心能否真的识别出虚假流量、低效流量。我会告诉客户：“我之前有个客户，和你一样，也非常担心效果。不过最后他还是想尝试一下，结果几天时间，我们就生成了推广报告，报告上清晰地指出几个网站有效，几个网站无效。当时客户说，如果早些年遇到这样的产品，就不用浪费那么多广告费了。”这么一解释，大多数客户就不再犹豫了，很爽快地下单了。

六、利益驱动

当客户犹豫不决时，提供额外的利益可以作为一种激励，帮助他们克服决策障碍，加快成交进程。

1. 提前优惠

提前优惠通常是指在约定的时间之前支付费用，可以享受一定的优惠。若超过了约定的时间，就没有优惠。例如，某地在交纳取暖费时就有这样的政策：提前一个月交纳优惠3%，过期则没有优惠。又如，在节假日旅游时，提前订房间的价格就比当天订要便宜很多。

2. 介绍人制度

介绍人制度通过激励现有客户推荐新客户，以扩大客户基础和增加销售。这种制度利用了口碑营销的力量，因为人们往往更倾向于信任来自朋友和家人的推荐。对于新客户来说，优惠价格可以降低尝试新产品或服务的门槛；而对于推荐人来说，获得佣金是一种额外的奖励，这增加了他们推荐的动力。例如，在互联网上，邀请码规则经常被使用。之前网约车公司在推广中就采用了邀请码规则：推荐一个新乘客，新乘客可以获得15元优惠券，而推荐人也可以获得10~20元优惠券。

3. 积分制

积分制是一种常见的激励与奖励机制，在零售、服务、忠诚度计划等多个领域得到广泛应用。在该机制下，客户在购买商品、参与活动或完成特定任务时可获得相应积分，这些积分能够用于兑换奖励、优惠或服务。例如，某航空公司的忠诚度计划允许乘客通过累积飞行里程获得积分，乘客可使用积分免费升级座位或兑换免费机票。为了使积分制更快见效，可以先给客户50%以上的积分，剩下的让客户慢慢完成，客户看到希望，就更愿意继续攒积分。

4. 以旧换新

以旧换新是限定范围的优惠，仅针对之前购买过类似产品的客户，旨在降低他们升级产品的成本。这一政策对双方都有利：客户手中的旧产品不再值钱，但在商家这里可以获得更高的价值。商家也只是提供了一部分优惠，制造了一个吸引人的噱头。

七、损失规避

损失规避是指在决策过程中，人们更倾向于选择能够最大限度降低潜在损失的选项。这种心理倾向源于人们对损失的敏感度远大于对同等规模收益的敏感度。

1. 得与失

损失100元的感受要远远大于获得100元的感受。通过让客户感受到可能的损失，可以加快决策速度。如果公共节能领域有两条宣传语方案，一条是“如果你采取节能措施，你每年将节约XXX元”，另一条是“如果你不采取节能措施，你每年将浪费XXX元”。显然，后一条宣传语的效果远远好于前者，原因是它以损失为基本出发点，更能直击人心。

2. 增加一点点成本

在商业和营销策略中，引入一点点成本可以影响客户的行为和决策。当客户为某项产品或服务投入成本，无论是时间、金钱还是努力，他们往往会因为不愿意损失这些已经投入的成本而更倾向于继续使用或购买。例如，现在很多网课的试听课定价为1元钱，定价低，决策成本就低，下单速度快。如果不听课，就会白白浪费1元钱。钱虽少，但也会触发客户的损失规避心理，从而促使客户来听课。

3. 制造稀缺感

制造稀缺感可以激发顾客的紧迫感，促使他们更快地做出购买决策。当顾客感觉到某个产品或机会是有限的，他们可能会担心错过这个机会，从而增加购买的可能性。以下是一些制造稀缺感的案例：

（1）某电影院为营造紧迫感，打出了“专场放映、座位有限、预订从速、过时不候”的广告语。在这段广告语中，制造了多个稀缺点。

（2）现在很多商家常用的套路就是制造限量款。这种稀缺性使限量版成为奢侈品市场上备受追捧的对象。客户希望以独一无二的方式展示自己的品位与身份，而限量版正好满足了这一需求。

（3）网上很多直播课，当有回放时，人们总是想着回头再看，结果却再也不看了。强调无回放，制造稀缺感，错过了就再也看不到了，从而促使客户积极上课。

（4）很多知识星球在续费时都会提醒：现在续费有优惠，过几天就会涨价。

4. 使用等价物

使用与钱等价的物品或支付方式可以减少客户在付款时的心理阻力，加快交易过程。例如，在商场购物时，许多顾客更愿意使用礼品卡或积分消费，因为这类支付方式不像直接花现金那样让人感到心疼。如果直接用现金支付，消费者可能会更犹豫；但如果用礼品卡或积分抵扣，心理负担就会小很多。

5. 减少思考时间

通过打断理性决策过程，促使客户依赖直觉和情感反应，可以增加即时购买的可能性。这种方法尤其适用于需要快速响应或促进冲动购买的场景。例如，现在很多小超市和大商场里的日用百货小店，货架之间相隔得很窄，两个人通过都需要侧身。为什么要这样设计？当然是空间有限，还有一个原因就是商家要压缩你的思考时间。比如当你拿起薯片看时，想着最近在减肥，犹豫该不该买时，正好有人通过，你不得不让道，这就打断了你的思考，你通常会直接拿走手上的商品。这与手机专卖店宽敞的布局正好相反。价格贵的商品，客户买错会造成很大损失，因此需要给予更多考虑时间。价格便宜的商品，客户不买就是损失，那就狠狠地压缩客户的思考时间。

6. 禀赋效应

禀赋效应是指当个人一旦拥有某项物品，那么他对该物品价值的评价要比未拥有之前显著提高。例如，宠物店推出宠物狗免费试养活动：这种活动利用了客户的禀赋效应，让客户在试养期间对宠物狗产生情感联系和价值评价的提升，从而增加购买的可能性。又如，商家承诺购买家电后七天无理由退换货：客户购买后会对家电的价值评价提升，即使后来发现不满意，退换的难度也会增加客户的“沉没成本”，从而减少退换的可能性。

八、自我创作效应

自我创作效应是指客户对于自己投入劳动、情感而创造的物品产生高估的价值判断偏差。这一效应表明，当客户在制作或组装产品过程中投入了努力，他们对该产品的价值评估会更高，从而增加了对产品的依恋和满意度。例如，我曾经看到过一家戒指专卖店就利用了自我创作效应，他们的口号是“亲手给心爱的人打造戒指”。其实很简单，就是在已经打好的戒指上，让客户自己刻上对方的姓名字母。但因为在戒指上加入了客户的劳动，他们对这枚戒指的认可度就会大幅增加。

九、影响价格判断

在第二章需求层中，我们讲到了价格需求。客户对价格的判断主要体现在以下三个方面：有参考物可比较、价值比较、心理账户比较。在助推层中，我们也从这三个方面来分析价格判断对客户的影响。

（1）当客户提到参考物时，企业需要通过强调产品的独特性、差异化和品牌形象来增加其附加值。例如，与普通饮料相比，元气森林强调其“0糖0脂0卡”的健康特性。又如，山上的矿泉水与山下的矿泉水相比，由于是人力挑上山的，成本较高，因此价格较高是合理的。

（2）当客户没有参考物时，帮助客户挖掘产品的独特价值，以提升客户的感知。例如，强调潮流、形象、地位等因素。又如，新的电子消费品上市且价格较高时，很多客户在观望，这时应强调潮流趋势，鼓励客户快人一步。再如，当客户认为一本书太贵时，应强调阅读能够提升知识和思维能力。

（3）当客户还在犹豫时，我们需要帮助客户找到更适合的心理账户。例如，在给孩子报课外班时，价格很高，家长觉得这是一笔支出，想省下来。但如果告诉他，这是对孩子的投资，未来考上好学校，会有几十倍甚至上百倍的回报，相信很多家长就会毫不犹豫地付款了。

下面是一个综合应用案例。客户看中了一款专业的图形处理笔记本电脑，但感觉价格比较贵，还在犹豫中。商家说：“这个当然贵了，用的可是最新的专业图形显卡，64 GB的内存（明确差异）。使用这台笔记本电脑处理视频、动画，速度更快（价值判断）。所以呢，这台笔记本电脑可不能算普通的消费品，应该算一笔投资，它能够帮你处理更多的视频，几个月就会赚回本钱了（切换投资心理账户）。”

十、改变收费模式

如果之前的收费模式给客户带来了困扰，影响了订单，那么我们就需要改变收费模式，以消除最后的成交障碍。

1. 挣了钱再付费

在客户看到收益后才支付费用。这种方式可以降低客户的前期风险，提高他们尝试新服务或产品的意愿。例如，我的一个咨询客户的公司，他们在两年间通过百度获取了2000个意向客户，但最终仅成交20单，转化率仅为1%。分析发现80%的流失客户都是因为价格（一万多元）过高而放弃的。考虑到他们的系统很完善，实际成本并不高，而且客户的销售数据可以在后台查看。当时我建议他们转变思路，初期的客户以成本价先做起来，这有两方面的好处：一是增加了客户数量；二是平摊了实施人员的成本。当客户销售额达到某个节点时，再支付剩余费用。

2. 按效果付费

按效果付费对客户极具吸引力，因为他们只需为实际达成的结果支付费用，无须预先投入大笔资金。这种模式常见于营销、广告、咨询等领域。例如，我在做搜索引擎优化服务中发现，如果采用按资源使用量付费的方式（如按工时或技术投入计费），虽然单价较低，但由于不保证效果，很多客户不愿接受。相比之下，客户更愿意选择按效果付费的方式，即便达标后的总费用可能更高。

第二节　影响情绪

通过营造特定的情绪状态，商家可以激发客户采取对商家有利的行动，如购买产品、推荐给朋友或在社交媒体上分享。

一、互惠

互惠是指当你给别人提供了便利，或让别人得到了物质或精神上的好处后，别人会想方设法回报你。互惠的力量是强大的，人们会不自觉地接受。

1. 真诚赞美

真诚的赞美能够让人感到心情愉悦，因为它满足了人们对于认可和肯定的内在需求。当人们收到真诚的赞美时，他们会感到自己的价值和成就被他人看见和赏识，这种感觉能够提升自尊、自信，并激发积极的情绪。例如，我去动物医院给家里的狸花猫打疫苗，负责的医生看着我家的猫说："你家猫养得真不错呀，这毛这么顺滑。"我听了特别开心，回家还和妻子说，下次给猫打疫苗还找这个医生。

2. 先提过分要求再让步

提出一个过分要求后主动让步是一种常见策略，被称为"拒绝—后撤"策略或"门面—让步"策略。这种做法能激发对方的互惠心理，因为人们在感知到对方让步后，往往更愿意做出相应妥协。例如，在购车时，销售人员通常会先展示顶配车型，若客户表示超出预算，再引导看标准配置。这时客户会感觉销售人员已做出让步，考虑到其服务付出，通常会更快做出购买决定。

二、调用情绪

情绪可以显著影响人的行为和决策，通过语言调动情绪可以在短期内改变客户的行为。然而，情绪的调动需要谨慎使用，因为频繁或不恰当的触发情绪可能会导致客户感到疲劳或不信任，从而降低策略的有效性。

1. 愉悦

在与客户的互动或交易的最后时刻留下愉悦的心情，对于建立积极的品牌形象和提升客户满意度至关重要。愉悦的心情能够增强客户对体验的整体感知，增加他们成为回头客的可能性，并促进口碑传播。例如，在菜市场买菜时，我总喜欢在一个热情的摊主那里购买，她不仅总是笑脸相迎，还会主动把零头抹掉。虽然每次省下的不过几毛钱，但这种被优待的感觉让人很愿意成为她的回头客。又如，2024年春节期间，我们全家去唐山旅游，入住赞驻酒店。在退房离开时，酒店赠送了美味的三角巧克力，看似简单的举动，却让人感受到了酒店的用心。直到现在和朋友聊起那次旅行，我都会提到这个小细节。

2. 威胁

利用损失厌恶可以影响人们的行为，促使他们为了避免损失而采取行动。然而，这种方法应该谨慎使用，确保它不会损害长期的客户关系或品牌信誉。例如，某些杀毒软件在卸载时采用威胁的语句："如果卸载，电脑将失去保护。"

3. 消耗情绪

使用情绪化语言来激发客户的情感反应，可以增加客户继续使用产品的可能性。这种方法利用了人们自然回避负面情感的心理，如内疚、遗憾或损失感，从而影响他们的决策。例如，某些软件在卸载时将"确定"按钮改为"狠心卸载"，让人难以下手；又如，在关闭应用程序时弹出窗口会写道："您确定要离开我们吗？我们将非常想念您！"这种设计通过唤起用户的情绪反应，提高用户对产品的认同感和黏性。

4. 乞求

使用死缠烂打的方式乞求，即不断重复请求或施加压力以达成目的。这种方法在某些情况下可能会有效，但通常不被推荐，因为它会对人际关系和个人形象产生负面影响。例如，有些人会反复向朋友提出请求，即使被婉拒仍持续纠缠。虽然对方可能最终妥协，但这种方式容易让人感到压力，影响彼此关系。

第三节 触发行为

通过引导客户行为，商家可以促使客户按照预期的方式采取行动，从而实现商业目标。

一、行动指令

有时候，我们需要告诉客户怎么做，给他一个简单的指令，这个指令就会影响客户，让他潜意识中想起我们的产品。

1. 简单的行动指令

简单的行动指令由动词和名词组合而成，例如"加入购物车"。淘宝购物车的图标进化史值得我们参考。最初只有"购物车"三个字，后来多加了一个加号，下单率提升了15%。之后，将图标改为"加入购物车"五个字，下单率再次提升了一倍。

行动指令不仅在网络上有效，在线下也同样适用。例如，有一次我发现门上贴了一则修热水器的小广告，做工非常精美，圆形的，上面就有行动指令“请贴到壁挂炉上”。我仿佛被施了法一样，真就将广告贴在了家里的壁挂炉上。

2. 场景式行动指令

场景式行动指令明确指出了使用场景和具体操作方法。例如，益达早期的广告语“嘿！你的益达”虽然花费了巨额推广费让很多人记住了益达，但并未明显带动销量增长。后来改为“吃完喝完嚼益达”后效果显著，这就是行动指令。其中“吃完喝完”点明使用场景，“嚼益达”给出明确指令。类似的成功案例还有“困了累了喝红牛”和“怕上火喝王老吉”。

3. 以目标结果作为指令

在目标结果指令中，将执行操作后能够获得的结果作为指令，激发你的想象力。在许多广告中，你很少能看到广告直接说“你赶紧购买吧”，而是采用更隐晦的方式，如“你值得拥有”。在传统的化妆品销售网站，购买化妆品时点击“购买”或“加入购物车”这类简单的行动指令。我们可以将“购买”按钮上的文字改为“马上变得更美”，提前展示客户使用化妆品后的效果。在我的网站上，也经常使用这种方式来替换“查看详情”，避免了千篇一律的表达。例如，介绍企业网络营销培训时，行动指令是“获得更多培训信息”。介绍网站用户体验分析时，行动指令是“了解分析细节”。

4. 在过程中寻找指令

有时候我们想找到合适的行动指令并不容易，怎么办呢？我们需要梳理客户走过的每一个节点，执行的每一个动作，从中找出适合我们的行动指令。我在网上看到这样一个新闻：一个小伙子看到街上有家超市每天人来人往，生意不错，于是灵机一动，决定在旁边也开一家超市，店名就叫“超市入口”，本着说干就干的精神，小伙子的超市很快就装修好营业了，当天营业额就超过了整条街的其他店铺。老顾客还以为是原来的超市重新装修了，新顾客则以为这就是超市的入口。

本以为这故事这么离谱，只能是段子，结果却是真事，这老板确实有两把刷子。在这个案例中，小伙子的目的是想让顾客进他的超市购物，但行动指令不能是“快来买吧”，于是他梳理了顾客来超市的整个过程，发现每个顾客进入超市都要经过“入口”，这个行动指令就变成了“超市入口”。由此类推，如果有一家餐厅在商业街的二楼，那么在一楼楼梯口，写“从这里上二楼餐厅”就比“某某餐厅”行动上更进一步。

5. 箭头行动指令

有时候，一个箭头比文字更管用。《最勾引顾客的招牌》的作者通过测试发现，在餐厅的指示海报上加一个箭头，可以将招揽顾客的概率从20%提升到32%，相当于转化率提升了60%。这里我再补充一点，现在电子屏幕很普及，可以把箭头设置成动态的，效果会更好。

6. 即使不用也不能缺少行动指令

客户可以不用行动指令，但不能没有。如图4-1所示，2013年，在分析金山词霸的首页细节对比页面时，我发现这样的规律：输入框平均每人点击1.2次，而搜索按钮平均每人点击0.2次。也就是说，大多数人都是通过回车键提交，而不是点击搜索按钮。搜索按钮更像一个指示器，告诉用户前面的框可以进行搜索。

虽然实际使用中很少有人点击搜索按钮，但真要是去掉了又会感觉不适应。图4-2为现在金山词霸的首页，去掉了搜索按钮，有点让人摸不着头脑。

图4-3为百度搜索引擎，虽然很少有人点击搜索按钮，但是“百度一下”变成了行动指令。

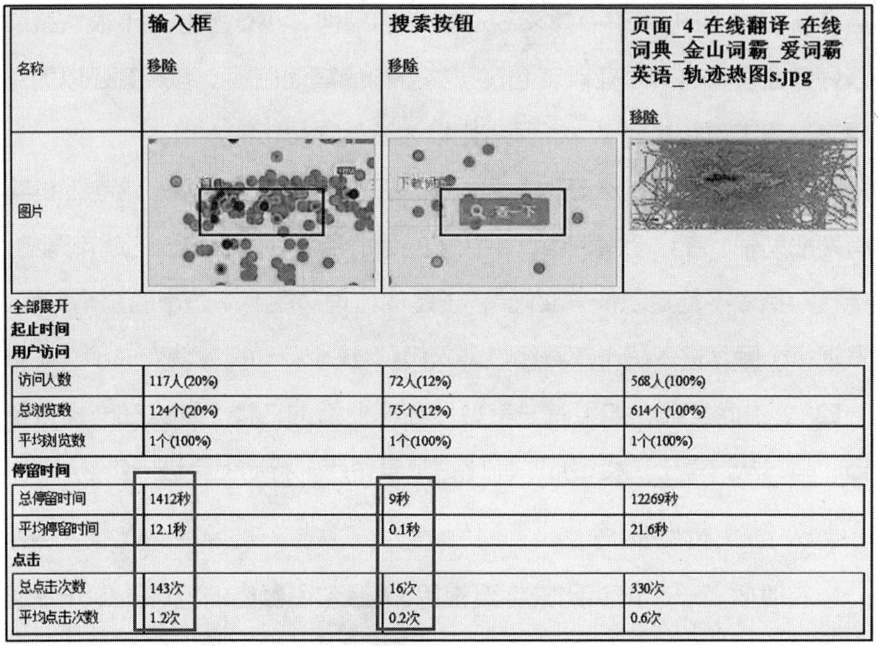

名称	输入框 移除	搜索按钮 移除	页面_4_在线翻译_在线词典_金山词霸_爱词霸英语_轨迹热图s.jpg 移除
图片			
全部展开			
起止时间			
用户访问			
访问人数	117人(20%)	72人(12%)	568人(100%)
总浏览数	124个(20%)	75个(12%)	614个(100%)
平均浏览数	1个(100%)	1个(100%)	1个(100%)
停留时间			
总停留时间	1412秒	9秒	12269秒
平均停留时间	12.1秒	0.1秒	21.6秒
点击			
总点击次数	143次	16次	330次
平均点击次数	1.2次	0.2次	0.6次

图4-1 金山词霸首页细节对比页面

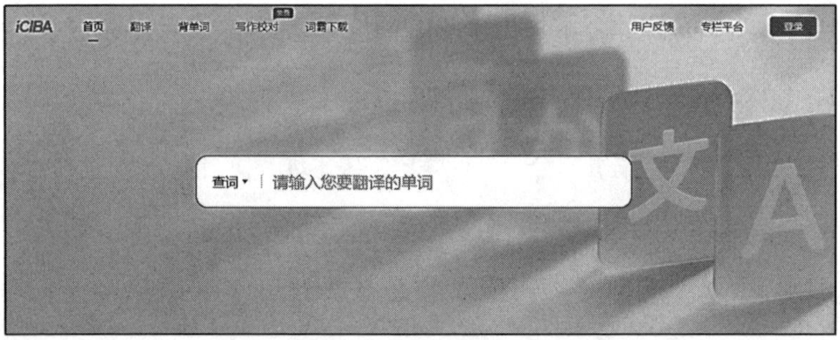

图4-2 金山词霸首页

图4-3 百度首页

二、行动指令的副作用

行动指令使用不当会产生阻碍行动的副作用，需特别注意。

1. 质疑动机

行动指令的出现有时会导致动机变得不单纯，让之前建立的信任付诸东流。例如，在知识分享群中发布干货时，若加上“加好友领取资料”，可能让部分人认为分享是为了引流，而非单纯交流。又如，当一个科普作者撰写文章分析某行业问题后，直接推荐自家解决方案，读者可能怀疑分析的客观性。

2. 干扰阅读

动态箭头式行动指令通常建议单独放置，不要与内容放在一起，否则会干扰用户对内容的阅读。例如，某知识类App的宣传页底部，下单按钮不停变化，一会儿大，一会儿小，严重干扰阅读，让人无法集中注意力阅读内容。

三、不要阻碍行动的实现

我们向客户展示了行动指令，客户也有意愿实施，我们需要确保行动能够实现。然而现实中经常出现阻碍行动实现的问题。例如，当我们在页面设置了提交按钮，客户点击后却因浏览器兼容性问题无法提交。又如，现在手机屏幕普遍较大，而提交按钮位于左侧，导致客户单手难以点击；再如，提交链接的字体较小，客户难以准确地将鼠标移动到上面。

四、进一步行动指示

进一步明确指示，避免客户产生疑惑。例如，我在使用某款App时遇到过这样的情况：页面上提示“点击创建第一个作品”，但空白处只有一行文字，没有按钮。我有些困惑，不知道该点哪里。后来发现点击空白处任何位置都可以。如果在文字下方添加一个明确的“创建”按钮，可能就不会产生这样的困惑了。又如，有次我去某商场看电影时，看到路边有个指示牌写着“前面电影院”。我顺着路往前走，走了好一会儿也没有看到电影院。由于周围没有其他指引，我一度怀疑是否走错了路。直到继续前行100米才终于看到影院入口。如果在途中增加一个“距离电影院50米”的提示牌，就能避免这样的困惑了。

五、够得到

客户决定行动后，商家需要提供满足客户需求的产品。例如，我在青岛品尝过原浆啤酒，觉得味道不错。所以，这些年我就一直比较关注原浆啤酒。后来得知泰山公司生产原浆啤酒，就想试一试。于是，我在京东找到泰山原浆啤酒，点击“立即购买”后发现最低6瓶起售，且保质期仅为7天。由于我酒量有限，通常隔几天才喝一瓶，购买后容易过期。因此，这个规格不适合我，我只好放弃购买。过了一段时间，我又查询了一下，发现他们推出了2瓶起购的规格，这正适合我，于是马上就下单了。

附　录

附录一　检查清单

相对于本书的目录结构，虽然检查清单只是变换了一种表达方式，但阅读检查清单时，可以让你调动大脑中的理性部分进行认真思考。对照下面的清单，检查一下你当前的营销活动，一定会从中发现可以提升的地方。

1. 你的内容是否正确传达给客户

1）你是否让客户感受到你的产品

（1）你是否让客户看到你的内容和你的产品？

①你是否在现实中被人看到？

- 你的内容是否能让更多人看到？
- 你的内容是否在不同时间被看到？
- 你的内容是否与众不同？
- 你的内容是否随时随地被看到？
- 你是否找名人代言？
- 你是否走到客户中去？

- 你是否通过活动聚集了很多人?

②你是否在网络中被人看到?

- 你网上的内容是否弥补了现实中的不足?
- 你网上的内容是否容易被搜索到?
- 你网上的内容是否在直播中展示?
- 你的视频在列表中是否被看到?
- 你网上的内容是否追逐了热点?
- 你网上的内容是否在朋友圈投放?

③你是否让客户看到了他们想知道的内容?

- 你是否让客户看到过程?
- 你是否在内容中弥补了其他感官的不足?

④你是否让客户看到你想让他们知道的内容?

- 你是否让客户看到了与众不同的一面?
- 你是否让客户看到产品本来的样子?
- 你是否让客户看到了产品的最佳状态?
- 你是否让客户看到产品的某些属性?
- 你是否让客户看到你隐蔽的能力?
- 你是否让客户看到你的企业文化?

（2）你是否让客户听到你的声音?

- 你是否使用声音来招揽生意?
- 你是否使用声音进行有效沟通?
- 你是否使用声音标识符号?
- 你是否投放了广播广告?

（3）你是否让客户闻到了你的产品气味?

（4）你是否让客户尝到了你的产品味道?

（5）你是否让客户触到了你的产品？

（6）你是否让客户体验到了你的产品？

（7）你是否让客户随时想到你的产品？

2）你的内容是否有效触达了客户

（1）你是否避免了客观条件的影响？

- 你是否给了客户足够的阅读时间？

- 你是否确保客户在任何角度都能看到广告？

- 你是否在视频中增加了字幕？

- 你是否能保证网络访问的流畅度？

- 你是否考虑了客户的使用环境？

（2）客户是否愿意去看？

①客户是否有时间？

- 客户是否有空闲时间？

- 你是否为客户创造了空闲时间？

②你的内容是否吸引人？

- 你的内容是否与帅哥美女有关？

- 你的内容是否展示了风险？

- 你的内容是否具有稀缺性？

- 你的内容是否与客户自身有关？

- 你是否把重要内容放在前面了？

- 你的内容是否导致客户“未完成”？

③你的版式是否美观？

- 你的版式是否对齐了？

- 你的版式是否有效分离了元素？

- 你的版式是否使用了对比效果？

- 你的版式是否使用了相同的元素或样式？
- 你的版式是否留有空白？
- 你的版式是否减少了不必要的元素？

④客户的浏览是否舒适？

- 你的内容是否使用了正常的字体？
- 你的内容是否使用了清晰的素材？
- 你的内容是否突出了重点？
- 客户浏览你的内容时，会不会被打扰？
- 客户浏览你的内容时，会不会有压力？
- 你的内容有没有错别字？

⑤你的内容是否正确表达？

- 你是否建立了场景，并提出了相应的解决方案？
- 你是否先说结论，后说理由？
- 你是否提到了重点理由？

⑥你的内容是否值得看？

- 你的内容是否与其他人的内容雷同了？
- 你的内容是否连贯？
- 你的内容是否完整？
- 你的内容是否有价值？
- 你的内容是否能让客户一直说“是”？

⑦你的内容是否有引导？

⑧你是否减少了环节？

- 你是否减少了不必要的操作？
- 你是否经常让客户询问？

（3）你的内容是否方便交流？

- 你的内容是否有节奏感？

- 你的内容是否朗朗上口?
- 你的内容是否押韵?
- 你的内容中有没有客户不认识的字?
- 你的内容中是否有容易念错的字?
- 你的外文内容是否有中文名称?

(4)你的客户是否都是真实的?

(5)你的内容是否重复触达客户?

- 你的内容是否在时间上重复?
- 你的内容是否在空间上重复?

3)你的内容是否易于理解

(1)阅读你的内容需要什么样的知识背景?

- 你的内容是否有歧义?
- 你的内容中是否存在刻板印象?

(2)你的业务模式是否更容易理解?

- 你有免费的策略吗?
- 你是否对客户的使用有任何限制?

(3)你是否使用了更容易理解的技术方式?

- 你的内容是否通俗易懂?
- 你是否使用了正确的颜色?
- 你的内容中是否包含具有说服力的图片?
- 你是否添加了辅助标识?
- 你是否突出了重点属性?
- 你是否使用了客户熟悉的语言?
- 你是否使用了熟悉的事物进行类比?
- 你是否使用了熟悉的事物来做比喻?

- 你是否使用了熟悉的事物进行对比？
- 你是否展示了现实的使用场景？
- 你是否避免了歧义？

（4）你的内容是否保持了理解的一致性？

- 你的内容和色彩是否一致？
- 你的内容和字体是否一致？
- 你的内容上下文是否一致？

4）你的内容是否影响了客户的情绪

（1）你是否让客户产生了有效的情绪？

- 你的内容是否让客户感到恐惧？
- 你的内容是否让客户感觉吃惊？
- 你的内容是否让客户感到兴奋？
- 你的内容是否让客户感到同情？
- 你的内容是否让客户感到幽默？
- 你的内容是否让客户感到愉悦？
- 你的内容是否让客户感到自豪？
- 你的内容是否让客户感到感激？
- 你的内容是否让客户感到好奇？
- 你的内容是否让客户感到认同？
- 你的内容是否让客户产生了多种情绪？
- 你的内容是否让客户情绪产生较大波动？

（2）你是否让客户产生了不悦的情绪？

- 你的内容是否让客户感到恼火？
- 你的内容是否让客户感到厌恶？
- 你的内容是否让客户感到愤怒？

- 你的内容是否让客户感到失落？

2. 你的产品是否满足了客户的需求

1）你的产品满足了马斯洛需求层次的哪一层次

2）客户是在什么场景下产生需求的

（1）应用场景是怎样的？

- 用5W2H来描述客户的需求。
- 客户是如何进入应用场景的？是自动进入还是被激发产生的？

（2）客户和需求是怎样的？

- 你是你产品的客户吗？
- 你的需求是否代表了所有客户的需求？
- 你的产品有哪些不同的客户群体？
- 你的产品购买者和使用者是不同的人吗？
- 相同客户在不同场景下的需求是什么？
- 客户的核心需求是否存在冲突？
- 不同客户的需求之间是否相互干扰？
- 你是否给客户提供与其需求层次匹配的产品？
- 满足客户需求有哪些不同的选择？
- 有哪些客户未意识到的需求？
- 客户需求组合有哪些？
- 客户需求是如何升级的？
- 客户选择的总成本包括哪些？

（3）哪些情绪影响了需求？

①有哪些情绪激发了需求？

- 你的内容是否引发了客户的恐惧？
- 你的内容是否引发了客户的亏欠感？

- 你的内容是否让客户感到震惊？
- 你的内容是否让客户感到敬佩？
- 你的内容是否让客户感到同情？
- 你的内容是否让客户感到好奇？

②有哪些情绪削弱了需求？

- 你的产品或内容是否让客户感到恼火？
- 你的产品或内容是否让客户感到失望？

3）客户的需求是否可以分解

（1）你的产品属于本体需求还是载体需求？

- 你的产品是否属于功能需求？
- 你的产品是否属于资产需求？
- 你的产品是否属于情感需求？
- 你的产品是否属于社会性需求？
- 你的产品是否属于精神需求？

（2）你是否满足了客户对产品信息的需求？

- 你是否提供了多、全、细、时的产品信息？
- 你提供的信息是否和客户的预期一致？

（3）你是否满足了客户对产品的需求？

- 你是否提供了更多形式的展示？
- 你是否在场景中展示产品？
- 你是否扩展了产品的基本属性？
- 列出所有产品属性及相关客户需求。
- 你是否帮助客户快速匹配产品？

（4）你是否满足了客户对产品价格的需求？

- 你的产品价格会引起同类比较吗？

- 你的产品价格会引起价值比较吗？

- 你的产品价格会引起心理账户比较吗？

（5）你是否满足了客户对交付的需求？

- 你是否让客户看到了时间？

- 你是否让客户自主选择？

（6）你是否满足了客户对客服的需求？

- 你的客服响应速度如何？

- 你的客服服务态度如何？

- 你的客服专业能力如何？

（7）你是否满足了客户对产品的潜在需求？

- 你是否提供了常见问题的解答？

- 你是否回答了客户特别关注的问题？

- 你是否提供了售后服务？

4）你如何满足客户的需求

- 你是否满足了客户的基本需求？

- 你是否满足了客户的真正需求？

- 你是否适当地满足了客户的需求？

- 你是否顺应潮流，满足客户的新需求？

- 你是否重现了需求场景？

- 你是否提出了折中的方案？

- 你是否增加了必要的环节？

- 你是否在客户需要时再提供服务？

- 你是否在合适的时机要求客户配合？

- 你是否捏造了需求？

3. 你是否获得了客户的信任

1）你是否让客户从感官上信任你

- 你的公司或产品是否处在一个好位置上？
- 你的公司或产品是否处在一个好平台上？
- 你的公司或产品外观是否值得信任？
- 你的公司是否有专属办公用品、运输车辆、厂房等？
- 你的公司或产品给人的第一印象是否值得信任？
- 你是否让客户感受到产品的价值？

2）你的商家描述是否让客户信任你

- 你是否在某些项目上拥有第一？
- 你是否在某些领域很专一？
- 你是否权威？
- 你的专业水平如何？
- 你是否有品牌故事？
- 你有哪些成功的案例？
- 你是否有获奖纪录？
- 你有没有增加特殊的标记？
- 你是否有足够悠久的历史？
- 你是否现身说法？
- 你有没有增加精确数字？
- 你有没有增加大数字？
- 你是否让人感受到诚实？
- 你是否为价格注明了合理的理由？
- 你的产品价格是否是可理解的高价？

3）你的产品是否有第三方背书

- 你的产品是否有知名人士选择？
- 你的产品是否有政府背书？
- 你的产品是否有平台背书？
- 你的产品是否有明星代言？
- 你的产品是否有名人推荐？
- 你的产品是否有媒体报道？
- 你的产品是否有客户评价？

4）是否存在影响信任的因素

（1）你是否调用了客户的情绪？

- 你是否让客户同情你？
- 你是否让客户感到恐惧？
- 你是否让客户感到敬佩？
- 你是否让客户感到愤怒？
- 你是否让客户感到厌恶？

（2）是否存在其他影响信任的因素？

- 你是否存在信任继承？
- 你是否创造了稀缺感？
- 你是否存在坏消息？
- 你是否让客户占到小便宜？
- 是否存在“不吉利”？
- 客户是否存在可得性启发？

5）你是否使用了提升信任的方法

- 你是否允许客户试用？
- 你是否进行了具体的描述？

- 你是否无私？
- 你是否下了大成本？
- 你是否缩小范围成为第一？
- 你是否公开承诺？
- 你是否有利他行为？
- 你是否做好细节？
- 你是否提供了确定性？
- 你是否解决了客户的后顾之忧？

4. 你是否能让客户更快下单

1）你是否改变了客户的认知

（1）你是否拒绝了不合适的客户？

- 你是否让不合适的客户自我放弃？
- 你是否设定了限制条件来拒绝不合适的客户？
- 你是否直接拒绝了不合适的客户？

（2）你是否增加了锚定物？

- 你是否有明显的锚定物？
- 你是否拥有内在的锚定物？
- 你是否设计了惠赠行为？
- 你是否设计了投资行为？

（3）你是否实施了定价策略？

- 你是否以小份定价？
- 你是否可以分期付款？
- 你的产品价格是否采用非大整数定价？
- 你的产品价格是否远离了整数？
- 你的产品价格是否采用中间定价策略？

- 你的产品价格是否采用面子定价策略？

（4）你是否实施了承诺和一致策略？

- 你是否采用了低价策略？
- 你是否采用了会员制？
- 你是否让客户做出公开承诺？

（5）你是否触发了客户的社会认同？

- 你是否制造了热点？
- 你是否列举了历史功绩？
- 你是否选择性地展示数据？
- 你是否使用了“我有个客户”的策略？

（6）你是否让客户获利？

- 你是否有提前付款优惠？
- 你是否增加了介绍人制度？
- 你是否采用了积分制？
- 你是否采用了以旧换新？

（7）你是否激发了客户的损失规避心理？

- 你是否触发了客户的得与失？
- 你是否让客户增加了一点点成本？
- 你是否创造了稀缺感？
- 你是否制造了等价物？
- 你是否减少了客户的思考时间？
- 你是否触发了客户的禀赋效应？

（8）你是否采用了自我创作效应？

（9）你是否影响了客户对价格的判断？

- 你是否强调了产品的独特性和差异化？

- 你是否帮助客户挖掘出产品的独特价值，以提升客户的感知?
- 你是否帮助客户找到更合适的心理账户?

(10) 你是否改变了收费模式?

- 你是否在客户挣钱后才收费?
- 你是否按效果付费?

2) 你是否影响了客户的情绪

(1) 你是否采用了互惠策略?

- 你是否给予客户真诚的赞美?
- 你是否先提出过分要求再让步呢?

(2) 你是否调用了对方的情绪?

- 你是否让客户感到愉悦?
- 你是否采用了威胁的方式?
- 你是否消耗了对方的同情心?
- 你是否乞求了对方?

3) 你是否触发了客户行动

(1) 你是否使用了行动指令?

- 你是否使用了简单的行动指令?
- 你是否使用了场景式行动指令?
- 你是否使用了目标结果作为行动指令?
- 你是否在过程中找到了指令?
- 你是否添加了箭头?
- 你是否缺少了行动指令?

(2) 你的行动是否会产生副作用?

- 你是否让客户质疑你的动机?
- 你是否干扰了客户的正常阅读?

（3）你是否阻碍了客户的行动实现？

（4）你是否有进一步的行动指示？

（5）你是否让客户行动后能够得到？

附录二 营销工具

我们在做营销工作时，需要使用一些工具来提高工作效率。下面分享一些我经常使用的营销工具。

1. 用户行为轨迹系统

用户行为轨迹系统记录用户在与网页交互时留下的鼠标、手指轨迹，从而分析用户的潜在需求。该系统适用于所有基于H5（超文本标记语言）开发的网页、小程序、App等，但不支持京东、淘宝平台。用户行为轨迹系统使用简单，比当前市面上普遍使用的眼动仪跟踪、动态录像、录屏技术分析效率更高。该系统共提供11种图像和报告，分别解决不同的问题，这里只介绍其中的5种。

1）独立轨迹图（研究个体用户行为）

独立轨迹图是记录一个用户在单个页面上行为的图形，是分析个体用户行为的主要工具。由于很多虚假流量没有轨迹或轨迹异常，独立轨迹图也常用来分析识别虚假流量，提高广告投放效率。通过观察这些轨迹，可以洞察用户的行为习惯、偏好和潜在需求。这种分析方法促使我们从自我中心的视角转向用户中心的视角，即从“以我为主”转向“换位思考”。

看看附图2-1所示的用户轨迹，用户进行了哪些操作？附图2-2所示为移动端用户轨迹。

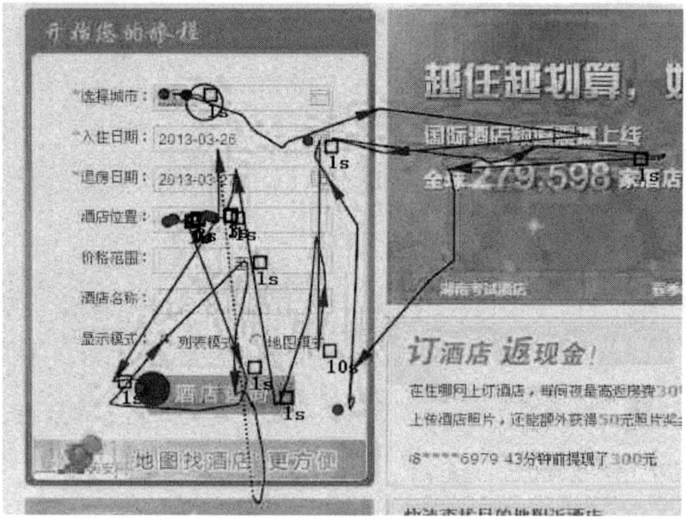

附图2-1　计算机端的鼠标轨迹图

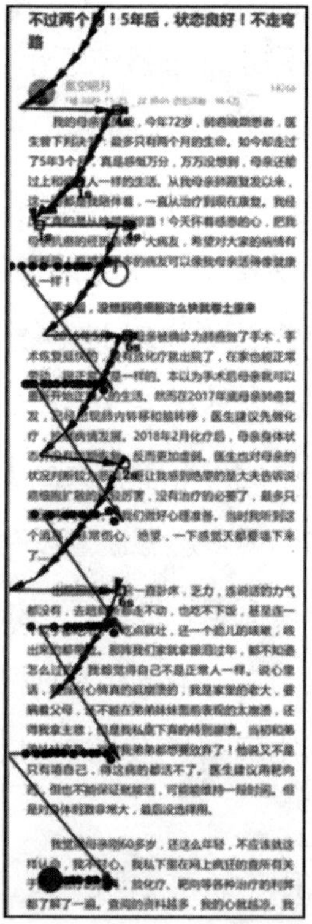

附图2-2　移动端的手指轨迹

附表2-1，在独立轨迹图上，用不同元素代表不同的用户行为。

附表 2-1 轨迹图说明

名　称	说　明	示 意 图
起点	一个圆圈，记录轨迹的起始位置	
终点	一个实心圆，记录轨迹的终点位置	
移动	箭头，指向轨迹的移动方向	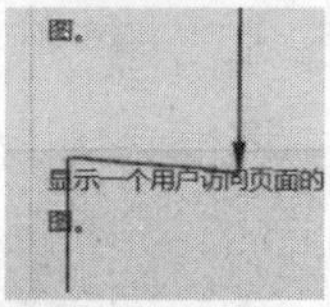
点击	一个圆点，记录点击位置	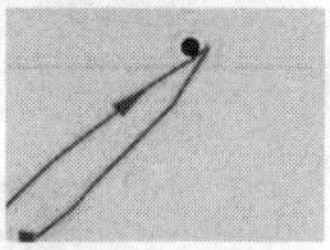
停留	方框，记录停留秒数。以 30 秒为标准，停留时间越长，方框越大	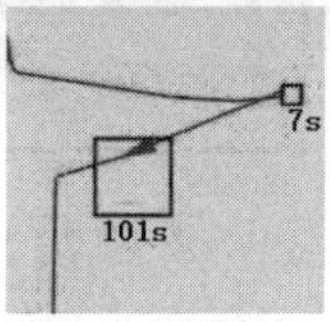
不连贯移动	虚线连接，用户可能进行了页面切换，或者快速移动，或者在移动端上点状移动	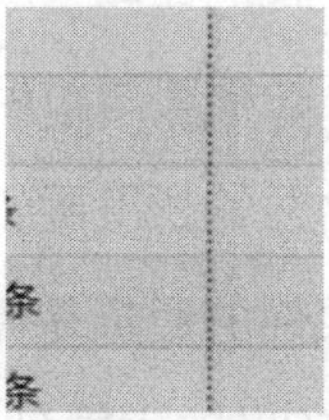
文字选择	多个圆点，记录选择文字状态	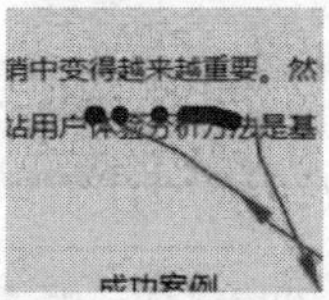

2）合并热力图（研究群体用户行为）

合并热力图是将多个个体的数据合并后生成的一种热力图，用于分析群体行为。合并热力图主要有三种类型：点击热力图、轨迹热力图和停留时间热力图。点击热力图较为常见，但其缺陷在于如果用户对页面不感兴趣，就不会留下任何点击数据。如附图2-3所示，轨迹热力图是将所有轨迹移动的数据绘制成一张图。只要用户在页面上移动过鼠标，就会留下痕迹，这对分析页面布局非常有帮助。如附图2-4所示，停留时间热力图是将所有停留时间数据合并后形成的一种热力图，用于发现用户关注或犹豫的区域。

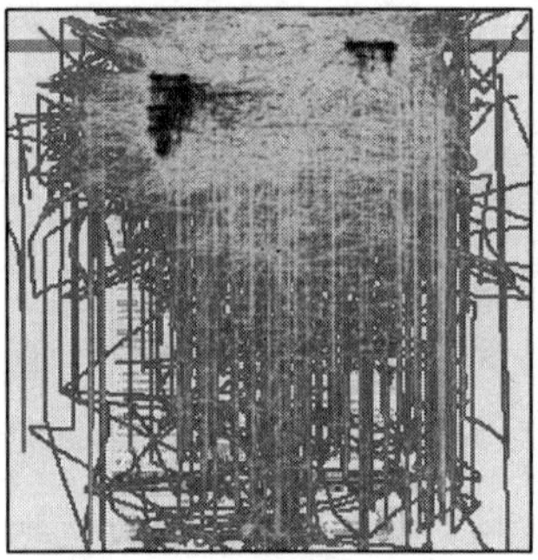

附图2-3　轨迹热力图

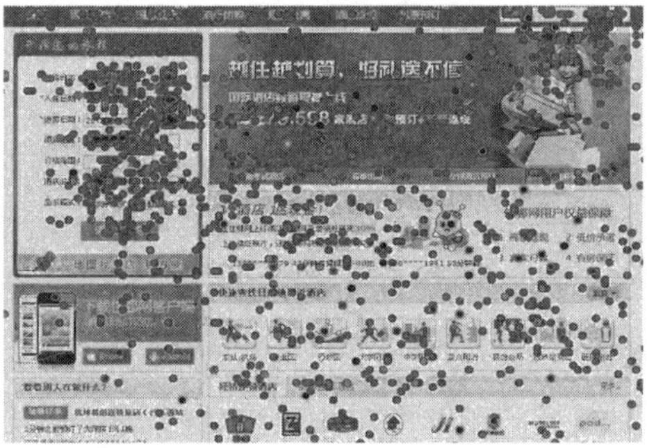

附图2-4　停留时间热力图

3）屏测图（分析页面长度和用户主要活动区域）

我们在做页面时总是想把页面做得很长，因为只有几屏的内容会显得页面很单薄，但过长的页面也增加了下载的负担。那么，如何确定页面合适的长度呢？答案是看你希望有多少用户能看到最后一屏的内容。如果你的目标是希望10%的用户能够看到最后一屏，但现在最后一屏只有2%的人看到，显然人数远远低于10%，这时候我们就需要减少屏数了。如果现在最后一屏有25%的人在看，超过了10%，那么我们就可以再增加几屏的内容了。

现在的问题是如何确定10%这个比例。之前没有屏测图时，找到这个比例很困难；有了屏测图，如附图2-5所示，只需要查看左侧的百分比数据就可以获得准确的比例。屏测图是以页面滚动高度为基础的热力图，包括底图、左侧用户到达率以及右侧用户活动率。

附图2-5 完整屏测图

4）来源效果报告（分析广告效果）

来源效果报告显示了不同来源的用户在不同时间段的轨迹信息，用于分析广告效果。其原理基于以下假设：我们认为一个页面越受欢迎，用户在该页面停留的时间越长，留下的轨迹信息越多；反之则越少。通过判断不同来源用户留下的轨迹时间长度，可以判断该来源的用户质量，如附图2-6所示。

编号	复制来源	总访问量	百分比	不限时间	5秒以上	10秒以上	15秒以上	20秒以上	30秒以上	60秒以上	90秒以上	120秒以上	200秒以上	订单总数	订单总金额
				有效百分比	有效百分比	有效百分比	有效百分比	有效百分比	有效百分比	有效百分比	有效百分比	有效百分比	有效百分比		
1	（网址）	396	66.3%	11.9% (47)	11.6% (46)	11.1% (44)	10.6% (42)	10.4% (41)	9.1% (36)	7.1% (28)	6.3% (25)	5.1% (20)	3.3% (13)	0	0
2	（网址）	25	4.2%	84% (21)	76% (19)	72% (18)	68% (17)	64% (16)	56% (14)	48% (12)	36% (9)	32% (8)	16% (4)	0	0
3	（网址）	11	1.8%	90.9% (10)	90.9% (10)	90.9% (10)	90.9% (10)	90.9% (10)	90.9% (10)	90.9% (10)	81.8% (9)	81.8% (9)	81.8% (9)	0	0
4	（网址）	3	0.5%	100% (3)	100% (3)	100% (3)	100% (3)	100% (3)	66.7% (2)	66.7% (2)	66.7% (2)	66.7% (2)	-	0	0
5	（网址）	3	0.5%	100% (3)	100% (3)	100% (3)	100% (3)	66.7% (2)	66.7% (2)	66.7% (2)	66.7% (2)	66.7% (2)	66.7% (2)	0	0
6	（网址）	3	0.5%	66.7% (2)	66.7% (2)	66.7% (2)	66.7% (2)	33.3% (1)	33.3% (1)	-	-	-	-	0	0
7	（网址）	2	0.3%	100% (2)	100% (2)	100% (2)	100% (2)	50% (1)	50% (1)	50% (1)	50% (1)	50% (1)	50% (1)	0	0
8	（网址）	2	0.3%	50% (1)	50% (1)	50% (1)	50% (1)	50% (1)	50% (1)	50% (1)	50% (1)	50% (1)	-	0	0
9	（网址）	1	0.2%	-	-	-	-	-	-	-	-	-	-	0	0
10	总数	597	100%	33% (197)	30.2% (180)	29.3% (175)	27.8% (166)	25.8% (154)	22.3% (133)	17.1% (102)	13.6% (81)	10.7% (64)	6.4% (38)	0	0

附图2-6 来源效果报告

5）挽留热力图（分析用户离开的原因）

挽留热力图是从合并热力图中分离出来的图形，显示群体用户离开时的状态，用于分析用户离开的原因。在没有挽留热力图时，我们想知道用户为什么离开，只能靠猜测。现在虽然还不能准确地知道用户为什么离开，但我们的寻找范围集中在用户离开的那一屏，分析有了方向。这个算法在2015年获得了发明专利，专利号：ZL2012101771290。

如附图2-7所示，用户主要是从国内酒店、酒店查询、登录这3个位置离开的。

附图2-7　综合挽留图

关于用户行为轨迹系统的更多内容，可以阅读我的著作《从用户研究中获得收益》。

2. 搜索引擎

当你对一个行业的客户一无所知时，可以通过搜索引擎快速了解这个行业。

1）搜索指数

搜索指数是指衡量特定关键词在搜索引擎中的受欢迎程度和趋势的

指标。它反映了用户对特定话题或事件的关注程度和影响力，帮助我们了解用户对特定主题的兴趣程度，并为市场营销、内容策划提供有价值的信息。许多平台都有搜索指数，如百度搜索指数、微信搜索指数和抖音搜索指数。

以五香花生、五香花生米、脱油花生为例，看看抖音搜索指数能提供哪些信息。

（1）关键词指数。如附图2-8为五香花生和五香花生米的指数数据。

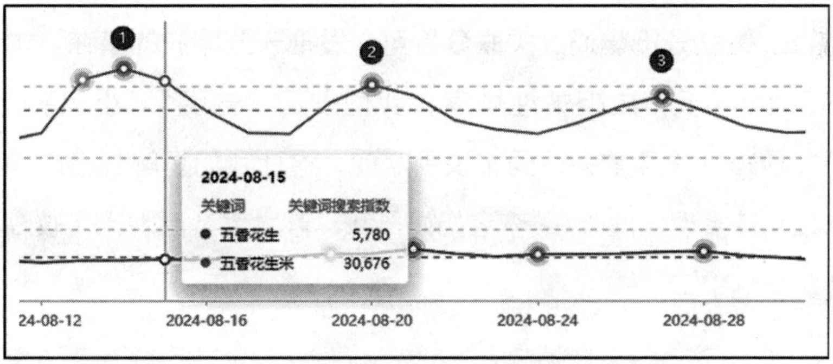

附图2-8　五香花生和五香花生米的关键词指数

通过分析附图2-8中的数据，可以发现两个现象：一是五香花生米的搜索量是五香花生的5倍，这说明五香花生米才是大多数客户能理解和常用的词；二是五香花生米三个高位分别是2024-08-14（周三）、2024-08-20（周二）、2024-08-27（周三），低点是周末。为什么周末低平时高呢？可能的原因：一是平台原因，可能周末用抖音的人少；二是界面原因，抖音平时有花生米直播，周末少；三是生活习惯，人们平时吃花生，周末吃得少。你认为是什么原因导致的？

如附图2-9所示，脱油花生没有搜索数据，通常是搜索量太少导致的。在京东上，很多花生品牌将产品命名为“脱油花生”，其实是有问题的。

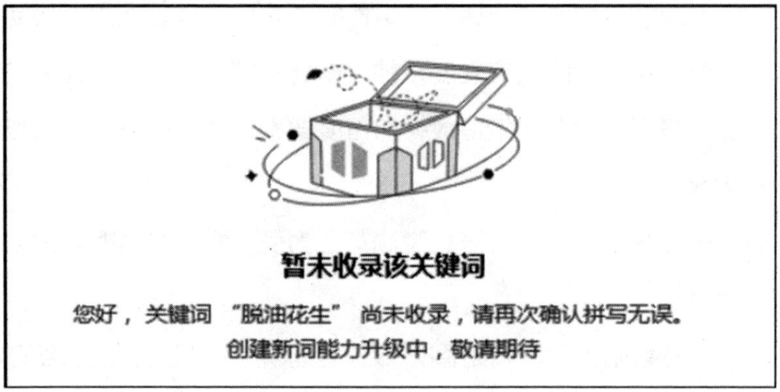

附图2-9　脱油花生没有数据

（2）关联分析。通过关联分析可以发现一些客户的潜在需求，如附图2-10所示，按相关性排序，我们发现“盐焗”“小包装”“黑皮”“500g”等几个关键词比较受欢迎，这让我们了解到客户偏好的口味和包装类型。此外，“李老奶奶”和“苏太太”品牌也有较高的搜索量。

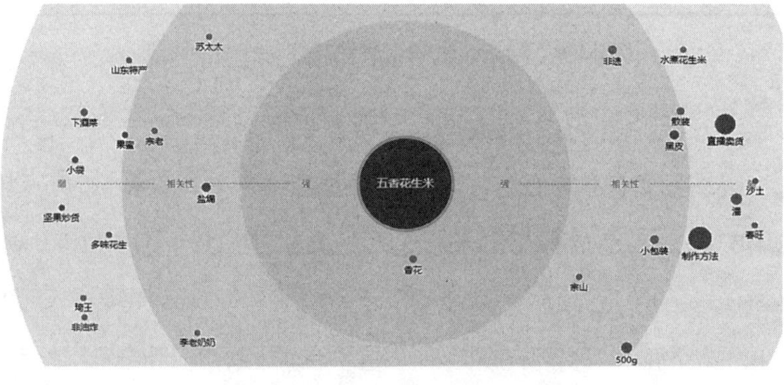

附图2-10　五香花生米关联分析

（3）人群画像。通过对搜索指数的进一步分析，如附图2-11所示，我们发现喜欢吃五香花生米的主要地区分别是江苏、浙江、山东、广东、河南。在这些地方做花生米生意，应该不错。

排名	省份	分布占比	TGI指数
1	江苏	12.59%	179.00
2	浙江	9.67%	154.00
3	山东	8.86%	132.00
4	广东	8.64%	76.00
5	河南	6.77%	101.00

附图2-11　搜索指数排名靠前的5个地区

排名	省份	分布占比	TGI指数
30	青海	0.15%	41.00
31	西藏	0.04%	11.00
32	香港	0.01%	48.00
33	台湾	0.00%	0.00
34	澳门	0.00%	0.00

附图2-12　搜索指数排名靠后的5个地区

排名靠后的五个地区，如附图2-12所示，分别是青海、西藏、香港、台湾、澳门。如果在这些地方卖五香花生米，可能会赔钱。

如附图2-13所示，在性别分布中，吃五香花生米的男性较多。

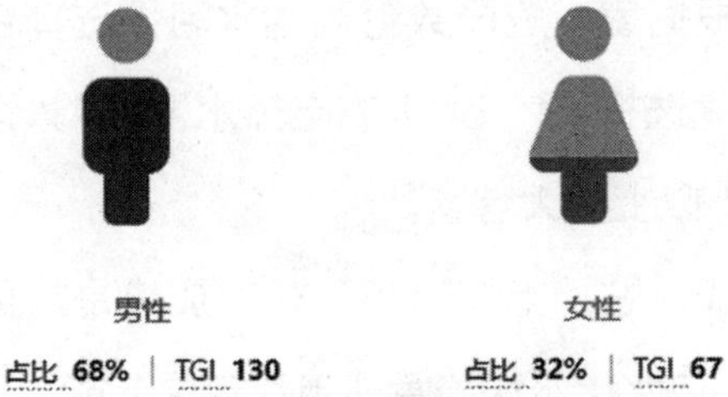

附图2-13　搜索指数性别分布

从附图2-14中可以看出，30岁以下的年轻人似乎对五香花生米不太感兴趣，而30岁以上的人更爱吃。

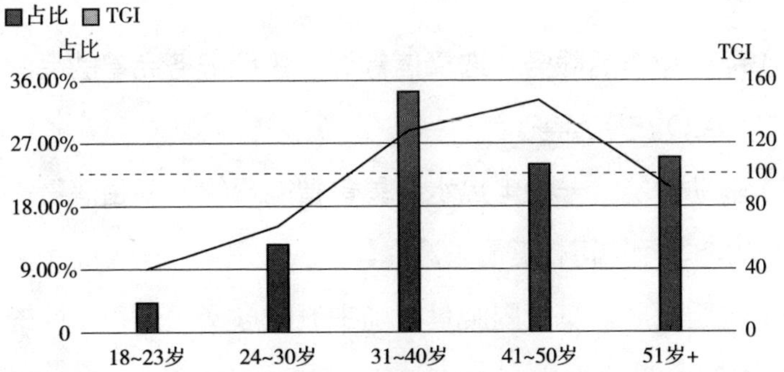

附图2-14　搜索指数的年龄分布

2）了解客户的选择标准

当准备销售一个新产品时，若不了解客户更在意哪些方面，可以通过搜索引擎找到答案。客户怎么选，我们就怎么卖。例如，我们准备卖电热水器，那么选什么品牌来卖呢？可以先搜索一下“如何选购电热水器”，搜索结果显示需要考虑以下几个方面：

（1）电热水器的类型。市面上主要有两种类型的电热水器：储水式和即热式。储水式热水器可以储存热水，适合家庭使用，安装方便，技术成熟，安全性高，但加热时间较长。即热式热水器即开即用，省电且体积小，但功率大，对电力线路要求高，适合家庭电路条件较好的用户。

（2）容量。根据家庭成员数量和用水习惯选择合适的容量。一般来说，2～3人家庭选择30～50 L的电热水器，4人以上或有泡澡需求的家庭可选择60 L以上的大容量。

（3）加热方式。贴片电加热和管式电加热是常见的两种方式。贴片电加热速度快，热水出水快；管式电加热更节能、安全。

（4）功率和能效。功率越高，加热速度越快，但能源消耗也越大。能效等级越高，节能效果越好。

（5）安全性。选择知名品牌，确保产品具备防电墙、漏电保护器等安全措施。

（6）品牌和售后服务。选择信誉好、售后服务完善的品牌，如美的、海尔、A.O.史密斯等。

（7）辅助功能。一些电热水器具备智能预约、杀菌消毒、智能省电等辅助功能，用户可根据需求选择。

（8）内胆材质。搪瓷内胆是目前主流的选择，具有良好的耐腐蚀和抗垢能力。

通过上述内容，我们可以总结出销售的产品类型：

①电热水器的类型。储水式和即热式都要有，适合电力线路不同的家庭使用。

②容量。多数为30～50 L，少数为60 L以上的电热水器。

③功率和能效。能效等级高的产品。

④安全性。知名品牌。

⑤品牌和售后服务。美的、海尔、A.O.史密斯。

⑥辅助功能。具备智能预约、杀菌消毒、智能省电等辅助功能。

⑦内胆材质。搪瓷内胆。

按照这些标准进货，客户喜欢，销量提高了，还能减轻库存压力。

3. AI辅助

在ChatGPT出现之前，我一直为一件事情发愁。因为我擅长程序开发、网站优化等技术方面的工作，但文案策划是我的短板。因此，我一直在考虑找人帮我完成文案优化和内容审核的工作，但这无疑会增加成本。

ChatGPT的出现确实解决了我的问题，它不仅能帮我优化文案的语法错误，还能根据需求调整不同平台风格的内容。最让我惊讶的是它的“连续思考”能力——以前测试其他AI时，问完“1+1等于几”再问“再加一”，没一个能答对，但ChatGPT居然能连贯说出正确答案。这让我意识到，AI工具可能进化到了新阶段。

不过现在我的工作主力已经换成了DeepSeek。作为国产AI，它用起来更顺手，不仅可以深度思考、联网搜索，而且不用折腾网络配置，可以直接使用。对比ChatGPT，DeepSeek有三个让我离不开的特点：首先处理中文内容更精准，其次响应速度特别快，最重要的是成本优势明显。

接下来，我将介绍DeepSeek在营销中的应用。

1）操作方法

与DeepSeek沟通时，需要写提示语，虽然提示语有很多，这里重点介绍两点：任务指令和角色。

（1）任务指令。我们需要给DeepSeek明确的任务和具体的操作指令。示例：

①人物画像。

任务：生成网站制作的人物画像。

指令：需要有姓名、职业、个人简介等内容。

完整命令：生成网站制作的人物画像，需要有姓名、职业、个人简介等内容。

②代码编写。

任务：生成一个正则表达式。

指令：可以识别邮箱，使用C#语言。

完整命令：生成一个正则表达式，可以识别邮箱，使用C#语言。

（2）角色。为了让DeepSeek输出内容更精准，我们需要指定模型要扮演的特定角色。在不同的角色下，输出内容会有很大差异，见附表2-2。

附表 2-2 提示词及输出内容

提示词	输出内容
生成一篇苹果手机的评价，不超过50字	高端稳定，操作简单，拍照出色，生态系统完善
你是一名资深的手机工程师，生成一篇苹果手机的评价，不超过50字	材料、工艺、性能无可挑剔，软硬件高度协同，客户体验极佳
你是一名资深的摄影专家，生成一篇苹果手机的评价，不超过50字	拍照成像精细自然，暗光环境表现优异，智能算法优化人像、夜景等场景，视频稳定流畅，是手机拍摄领域的佼佼者

续上表

提示词	输出内容
你是一名资深的游戏玩家，生成一篇苹果手机的评价，不超过 50 字	硬件性能强劲，触控体验流畅，AppStore 游戏种类丰富，优化良好，支持多人联机，是手机游戏的不二之选

除了让DeepSeek扮演一个角色，我们还可以让它针对目标客户角色撰写相应的内容，见附表2-3。

附表 2-3　目标客户角色及输出内容

提示词	输出内容
把网络营销概念，讲给 5 岁男孩，内容不超过 50 字	网络营销是用互联网告诉更多人关于产品的好处，吸引他们对产品感兴趣，就像在玩具店里展示有趣的玩具一样
把网络营销概念，讲给 16 岁男孩，内容不超过 50 字	网络营销是利用互联网传递信息，吸引人们对产品感兴趣。像社交媒体、广告一样，让更多人了解和购买你喜欢的东西。可以帮助品牌推广和销售商品
把网络营销概念，讲给 76 岁老农民，内容不超过 50 字	网络营销是通过互联网传播信息，帮助农民了解和销售农产品，找到更多买家，增加收入。就像在市场上宣传你的农产品，但是在互联网上进行

2）常用指令

以下是一些以场景分类的高质量指令内容，可以直接使用。

（1）推广场景。让AI帮你从头到尾策划一个营销方案，比较适合头脑风暴和测试新想法。

怎么对AI说：你现在是我的广告策划搭档。我们来为一个【产品】做个推广方案。你需要帮我明确：① 主要卖给谁?（目标人群）② 核心要说什么?（主广告语）③ 在哪投广告?（渠道选择）④ 还要做哪些配套动作? 好了，我们开始第一个项目:【我需要为一款瞄准18~30岁年轻人的新能量饮料，想一套推广打法。】

（2）写作场景。不止是改语法错误，而是让AI从策略和修辞层面提升你的文案功底，写邮件、写海报、写公众号都能用。

怎么对AI说：你现在是一个精通营销文案的AI教练。我有一段文字需要优化，请你用专业眼光帮我分析：哪里逻辑不通？怎么表达更有说服力？怎么让读者更爱看？请给出具体的修改建议。我的第一个需求是:【帮我优化一下这段产品介绍文案】。

（3）项目场景。将模糊的“想法”瞬间扩展成具象的“商业计划”，用于洞察新趋势、发现市场缺口。

怎么对AI说：你是我的创业点子生成器。我提出一个日常需求，你帮我把它转化成一个完整的互联网项目计划。需要包括：项目名字、一句话介绍、用户画像、解决什么痛点、怎么赚钱、主要成本在哪、第一步该怎么验证。比如，我说:【我希望有一个App，能帮我高效管理所有微信里的文件】，请你据此生成计划。

（4）销售场景。模拟真实销售场景，训练你的表达力、应变能力和价值包装技巧。

怎么对AI说：我们来角色扮演。你现在是一个顶级销售，试图把一件普通商品的价值放大，并成功说服我买单。我会假装接起你的推销电话。现在，请你说出你的第一句开场白。

（5）文案场景。解决“标题难”的痛点，快速为文章、报告、视频等内容生成多个抓眼球的标题选项。

怎么对AI说：你是标题生成专家。我给你一个主题和几个关键词，你给我返回5个简洁有力（不超过20字）的标题选项。现在第一个主题是:【学习数据，一个建立在印象笔记上的知识库，里面整合了我所有的笔记和文章，方便我使用和分享】。

3）使用案例

以下是我常用的四个案例。

（1）人物画像。在实际中进行人物画像是非常困难的一件事情，需要耗费很多精力、时间和金钱。另外，由于调查的片面性，很难获得完整的人物画像。DeepSeek拥有庞大的数据库，我们可以利用DeepSeek的数据资源来生成人物画像，如附图2-15所示。

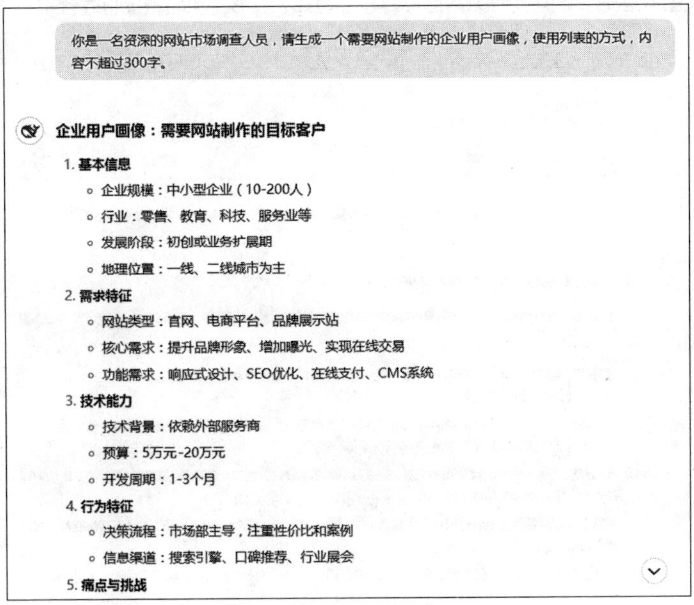
你是一名资深的网站市场调查人员，请生成一个需要网站制作的企业用户画像，使用列表的方式，内容不超过300字。

企业用户画像：需要网站制作的目标客户

1. **基本信息**
   - 企业规模：中小型企业（10-200人）
   - 行业：零售、教育、科技、服务业等
   - 发展阶段：初创或业务扩展期
   - 地理位置：一线、二线城市为主
2. **需求特征**
   - 网站类型：官网、电商平台、品牌展示站
   - 核心需求：提升品牌形象、增加曝光、实现在线交易
   - 功能需求：响应式设计、SEO优化、在线支付、CMS系统
3. **技术能力**
   - 技术背景：依赖外部服务商
   - 预算：5万元-20万元
   - 开发周期：1-3个月
4. **行为特征**
   - 决策流程：市场部主导，注重性价比和案例
   - 信息渠道：搜索引擎、口碑推荐、行业展会
5. **痛点与挑战**

附图2-15　生成人物画像

（2）内容撰写。DeepSeek撰写内容的水平也是相当高的，一般的内容写起来也是非常得心应手，如附图2-16所示。

（3）内容润色。我自认为很有想法，也能写出很多内容，但我对于文字的使用不够擅长，容易出现内容不够简洁、陈词滥调的问题。通过使用DeepSeek来帮我修改，内容的可读性就提升了一大截。

原文：通过网站统计和用户体验测试，我们可以改善网站营销效果。但目前的统计工具无法获得真实用户访问页面的精确数据。在进行用户体验测试时，成本居高不下。本节介绍的用户行为轨迹系统，以用户鼠标运动轨迹为数据来源，通过绘制不同的数据图，可以快速发现网站存在的问题。

修改：通过网站统计和用户体验测试可以改进网站营销效果。然而，目前的统计工具无法获得完整准确的用户访问数据，且用户体验测试成本高。本节介绍的用户行为轨迹系统，采用用户鼠标轨迹作为数据来源。通过绘制不同的数据图，可以迅速发现网站问题所在。

（4）错别字检查。错别字检查对于DeepSeek来说就是小菜一碟，如附图2-17所示。

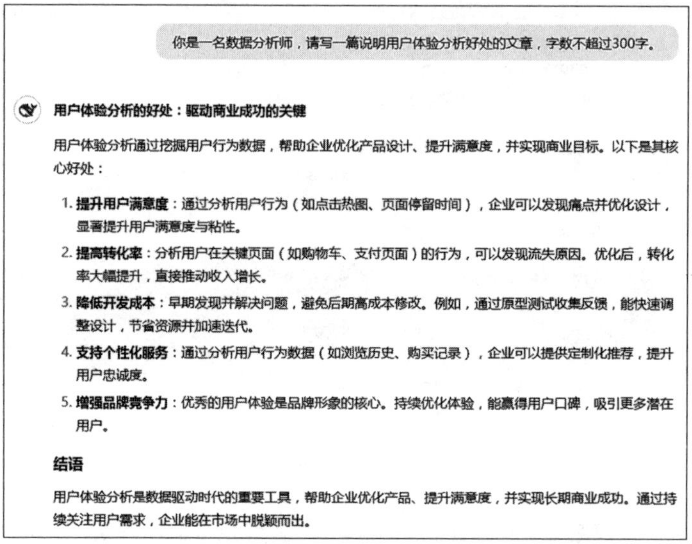

附图2-16　内容撰写

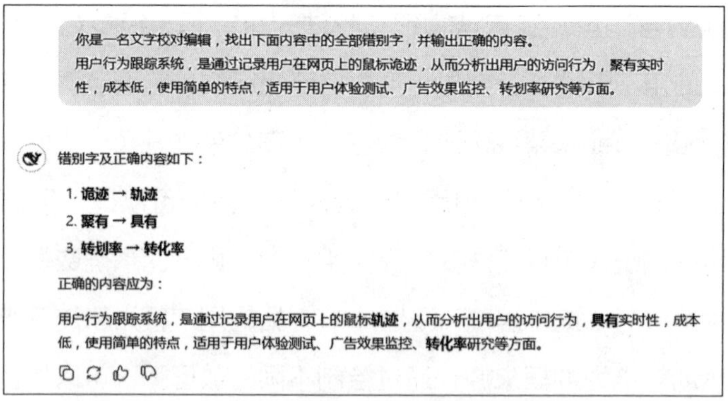

附图2-17　错别字检查

4）不足之处

AI也不是万能的，在使用过程中也会遇到过很多问题。

（1）原创性差。AI毕竟是在已有知识的基础上生成的，很难有完全原创的内容。因此，想让AI写一篇出彩的产品介绍，还是非常困难的。不过，可以让AI提供产品介绍的思路和步骤，甚至可以是创意的点子，你在它的基础上再进行创作就容易多了。

（2）错误反馈。有时候AI给出的内容，如代码，会完全无法运行。这是因为当提示语可选范围过大时，AI会优先选择更大可能的内容。遇到这类问题，就需要你不断给提示语增加范围限制，让AI输出的内容更接近你的需求。

（3）专业深度不足。在咨询一些专业化领域建议时，AI输出的内容可能流于表面，缺乏具体的措施。这时候就需要人工提供专业文献作为参考输入，弥补不足。

附录三　案例分析

应用前面学到的知识是巩固和深化理解的关键步骤。我们可以通过多种方式将知识付诸实践。例如，我们可以通过分析已有的案例来匹配和应用相关知识。这种方法不仅帮助我们理解案例中的成功要素，还能够让我们从案例中发现潜在的规律和模式。同时，我们也可以依据知识的结构重新策划一个案例。这意味着我们需要深入理解知识体系，包括其内在的逻辑关系和外在的情境关联。以下将使用前面介绍的方法进行案例的具体分析。

1. 卖瓜的小贩

以下是我给卖瓜小贩写的广告语：

标题：老汉我卖瓜，自卖又自夸。

内容：麒麟西瓜，甜到心洼，吃一口顶呱呱，一天卖出一百八。

我们来看一下，这个广告是如何使用四步营销的。

（1）“老汉我卖瓜，自卖又自夸”，以一个诙谐幽默的开头吸引人（基础），同时也很诚实地告诉客户（信任），我要夸我的瓜了，你别介意。

（2）“麒麟西瓜”，告知客户产品是什么（需求），避免买错。

（3）“甜到心洼”，通过语言告诉客户味道（基础），让客户感觉到甜。

（4）“吃一口顶呱呱”，告诉客户之前吃过的人都说好（信任），激发客户好奇心（基础），这西瓜到底有多好吃？

（5）“一天卖出一百八”，说明卖得非常好（助推），买了不会后悔。

2. 广西沃柑大叔

2024年1月16日，一位来自广西的“沃柑大叔”凭借其独特的宣传方式，在网络上掀起了一股热潮。他凭借一己之力，成功将武鸣沃柑推向了全世界，成了名副其实的“网络红人”，当地人也送他一个爱称——橘长。我们来分析一下，这个视频中是如何应用四步营销的。

视频一开始，就可以看到沃柑大叔的装扮：身穿西服，领带的位置挂了一个大沃柑。强烈的反差让人感觉非常有趣，有耐心愿意继续看下去。沃柑大叔说了一句：“武鸣沃柑，Orange，perfect！”中英文都有。然后抹头耍酷，也是很好笑。

沃柑大叔抓起地上的泥土，放到嘴里，还嚼了嚼。然后说：“牛圈有机肥，成就生态品质。”吃土让人惊讶，广告语却很高大上，巨大的反差让人忍俊不禁。

然后，他趴在地上用嘴拔草，还说：“人工除草，彰显工匠精神”。真是令人又惊讶又好笑。

他打开一瓶娃哈哈矿泉水，浇水。然后说：“山泉水灌溉，彰显高贵品质”。使用娃哈哈矿泉水，让客户理解水质好。

他又指着雾蒙蒙的天空，说：“低纬度高海拔，昼夜温差”，停顿了一下才说，“大。”让你看到由于温差大导致的雾，便于理解。然后故意停顿一下，制造了有趣的气氛。

他现场展示，割开沃柑，挤压出大量果汁。然后说：“果汁饱满，入口化渣。”果汁哗哗地流，生动展示了饱满的果汁，让人信任。

他把果汁挤到嘴里，然后说“哇哦，甘甜多汁”。看着身上黏黏的果汁，让人佩服，真是豁出去了。客户通过他的描述，在屏幕前就能感受到甘甜多汁。

最后，他竖起大拇指，说：“武鸣沃柑，你值得拥有。”称赞自家的沃柑好，给客户信心。“你值得拥有”是标准的行动指令，号召大家购买。

这个短视频堪称完美，整个视频实现了四步营销（基础、需求、信任、助推）。我看完视频后购买了两箱沃柑，真的甘甜多汁。

3. 我的企业网站

这是四步营销在我的创本互动网站上的应用案例。企业网站产品首屏，如附图3-1所示，在页面的左上角有公司标识，中间是一句广告语“努力让你的网站更赚钱”，客户看到这里会很兴奋，因为赚钱极具吸引力，右上角是信任项目“17年丰富经验”“全流程优化”“43项判断标准”，通过数字展示，让人更值得相信，而且每个信任项都可以点击，满足客户想了解更多信息的需求。

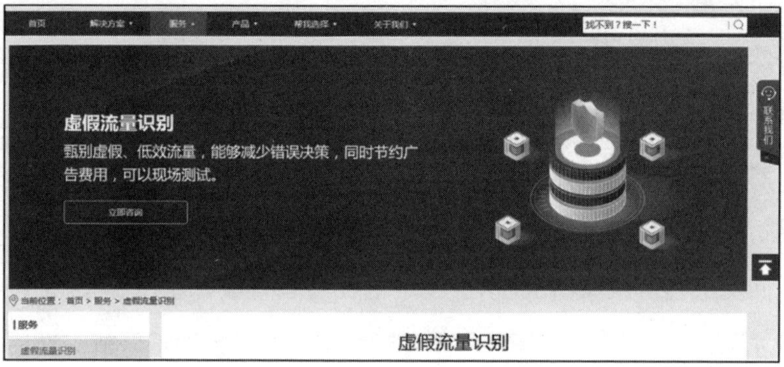

附图3-1　企业网站首屏

导航栏针对多类型客户群体，“解决方案”满足大客户需求，“服务”满足专业客户需求，“帮我选择”满足初级客户需求。还可通过搜索找到匹配的产品。

页面中部是产品描述。最初计划命名为“广告效果判断”，采用正向命名，但感觉不如基于损失厌恶原理的命名“虚假流量识别”好。损失厌恶能有效提高客户的注意力。一句话的广告语“甄别虚假、低效流量，能够减少错误决策，同时节约广告费用，可以现场测试。”把产品的基本功能和满足客户的高级需求写出来了。整个首屏内容布局合理，对比明显，方便客户在10秒内完成扫视。

在首屏的右下角可以看到“虚假流量识别”，即使在笔记本电脑的小屏幕上也能看清楚，这样可以提醒客户下面还有内容。

在企业网站第二屏中，如附图3-2所示，提要通过简单的一句话概括了产品的特点。同时，通过内容导航引导，让客户预先了解内容的结构。在“当前的问题”中，通过罗列3个应用场景，引导客户进入场景并产生需求。

附图3-2　企业网站第二屏

在主体报价中，如附图3-3所示，先罗列价格高的，然后才是价格低的。有了高价格做锚点，试用服务的500元就显得不那么贵了。

• **主体报价**

名称	价格	说明
整包套装	12 000 元	1.10 次整包服务 2.包含在线答疑服务 3 个月，24小时内反馈。
整包服务	1 500 元	1.包括 2 000 条额度。 2.包括 2 次配置代码。 3.包括 3 次导出服务。
试用服务	500元	1.包括500条额度。 2.包括1次配置代码。 3.包括1次导出服务。

附图3-3　主体报价

在资源下载中，如附图3-4所示，有三个行动指令：“查看您的轨迹”“下载资料”“马上开始解决您网站问题”。“查看您的轨迹”可以让客户试用产品；“下载资料”可以让客户将资料下载到本地，避免以后找不到；“马上开始解决您网站问题”其实是引导客户提交个人联系方式，有了这个目标引导，客户填写内容就不会反感。

附图3-4　资源下载

附录四　创意策划

网上有很多事件因为新奇、有趣，能够满足人们的好奇心而火了起来。有了知名度，后续很多项目也就随之展开。

以下创意是我这些年积累的，感兴趣的商家可以免费使用。

1. 1分钱换物活动

组织一场活动需要有很好的理由才能够吸引客户参与。下面从行为激励角度设计了一场奖励互动活动，见附表4-1。

附表 4-1　1 分钱换物详细内容

项目	内　　容	说　　明
活动名称	1 分钱换好物	1 分钱很少，激发人的超值获得感
活动细则	微信扫码关注	活动吸引更多客户
	限时	例如 3 小时，活动结束
	展示之前央行发行的各种纸币	当作一种普及货币知识的展览

续上表

项目	内　容	说　明
活动细则	每人限兑换一个	避免一次性兑换太多，其他人没有机会了
	可以提前公布获得奖励的产品名称，但不公布兑换细则	吸引更多人参加。 例如：1分钱换水杯；1分钱换华为手机
	如果这次活动举办得不错，可以开始2分、5分、1角，不断地加码	保证活动的连续性
兑换细则	微信支付1分钱，换15元数据线，限量500个	门槛低，容易实现
	硬币1分钱，换100元充电宝，限量100个，升值1万倍	有些门槛，因为现在很少有1分钱硬币了，需要去银行换，比较麻烦
	2000年之前的1分钱，换500元，限量20个，升值5万倍	这已经很少了，特别不好找了
	1985年之前的1分钱，换3000元，限量10个，升值30万倍	特别稀少，制造噱头
	1960年之前的1分钱，换10000元，限量3个，升值100万倍	除了特定的收藏爱好者，很少有人有了，更多的是制造噱头，吸引人关注

2.饮料盲盒

在饮料行业中，同质化竞争激烈，创新成为品牌突出重围的关键。从好奇、有趣的角度设计一款饮料盲盒，为客户创造情绪价值，见附表4-2。

附表 4-2　饮料盲盒详细内容

项目	内　容	说　明
包装	统一包装	从外表无法分辨口味
	220毫升以下	避免在不爱喝时浪费严重
	口味	可以是饮料，也可以是风味牛奶
	每箱16盒或32盒	可以包括更多口味

续上表

项目	内　　容	说　　明
刮刮乐	可以是口味	喝到一种，可以先猜口味，然后再刮开刮刮乐看正确答案，比较适合低年龄的儿童，让他们通过口味认识世界
	可以是小祝福	给客户一点正向小激励，让客户心情更好。例如，今天你真棒

3. 挖“金条”活动

很多景区都希望通过宣传吸引更多人来游玩，我们来策划一个挖“金条”活动，见附表4-3。

附表 4-3　挖“金条”活动详细内容

项目	内　　容	说　　明
活动名称	挖××金条，来××风景区	金额一定要大，才会让看到的客户兴奋，激发他们的参与热情
奖金准备	准备××元、××元、××元、纪念奖不同的等级奖品	让更多的人参与
活动准备	准备看台	方便客户参与
	准备啤酒、咖啡、小吃	方便客户边吃边看
	开始前准备杂技、舞狮等活动	活跃气氛
活动宣传	每天播放场地准备情况	增加关注度
	现场直播	增加关注度
	每月进行一次活动	持续增加关注度
活动流程	需要报名参赛并支付费用，抽签决定名额	增加沉没成本，增加稀缺感
	报名费用包括景区门票费	方便客户，避免损失厌恶
	请品牌赞助商负责人宣布开赛	增加信任度
	由品牌赞助商出具证明书	增加信任度
	增加公证人员公证整个流程	增加信任度
	准备上百个坑	让更多的人参与
	报名收入要小于奖品金额	树立只做活动不挣钱的受同情好印象

续上表

项目	内容	说明
活动流程	准备几百个相同的盒子	增加信任度
	把金条现场放在其中几个里面，再埋入坑中	增加信任度
	其他盒子里面放入纪念品	避免客户失落
	让参赛者随机抽取坑号	增加信任度
	让参赛者耗费比较长的时间挖掘出金条	增加趣味性和刺激感
	让参赛者可以现场兑换成等值人民币	方便客户

4. 一起去火星

这个游戏是一个与众不同的多人游戏。其他游戏都是多人并行进行，而这个游戏是多人串行进行，见附表4-4。

附表 4-4 一起去火星详细内容

项目	内容	说明
游戏名称	一起去火星	基于好奇、未完成等效应持续吸引客户注意力。操控的人多，飞船就会很快到达，操控的人少，飞船就需要更长时间到达
游戏背景	航线	从地球到火星上开启了航线
	距离	地球到火星的距离为 0.55 亿～4 亿千米
	陨石	具有破坏性质
	补给站	可以补充能量，加快速度
游戏玩法	飞船行动	可以前进、后退、左移、右移，每次 1 千米
	飞船操控	每人每天只能操控一次，要想到达火星，需要很多人共同努力
	撞陨石	生命值下降
	过补给站	可以补充能量

续上表

项目	内　容	说　明
页面布局	显示飞船	一个很酷的飞船
	当前状态	显示距火星距离（千米）、偏离火星距离（千米）、飞行天数、操作数量等信息

附录五　学习方法与资源

1. 学习方法

如何更好地学习本书的内容呢？我以具体问题为例说明方法差异：假设我们目前只掌握了基础加法运算，尚未学习乘法，但现在需要解决33×22等于多少，该怎么办呢？

1）两种学习类型

（1）精确学习。精确学习是一种目标明确、针对性强的学习方式，它要求我们根据自己的需求和目标，选择性地获取和吸收信息。精确学习包括三种学习方法：系统公式法、浏览经验法、按需学习法。

①系统公式法。系统公式法是指找到能解决这个问题的标准公式或法则，然后系统学习。由于这个问题是一个乘法算式，我们需要先学习乘法法则，再背诵九九乘法表，最后做大量练习。

这样做的好处是，我们不仅解决了这个问题，同时类似的乘法问题也都可以解决，效率最高。这样做的坏处是，前期需要投入大量精力学习相关知识，但解决的问题较为单一。这种方法适合培养新技能，并且打算长期使用。

②浏览经验法。浏览经验法是指我们自己不会解决某个问题，但可以参考别人是如何解决的。例如，我们通过浏览大量案例，从中找出适

合的答案，如正好找到33×22＝726这样的正确答案。也有可能，我们只找到了33×20＝660、33×2＝66，我们发现20＋2＝22，那么660＋66＝726。也有可能，我们找到的是33×22＝700这样的错误答案，或者没有找到任何答案。

这样做的好处是，不需要系统学习复杂的公式，只需花时间找答案即可。如果运气好，可能很快就能解决问题。这样做的坏处是，如果你找的地方不够权威，你无法判断结果是否正确。如果你找的地方数量有限，有可能找不到正确的答案。这种方法适合通用性问题，别人已经有正确答案的情况。

③按需学习法。按需学习法是指根据自己需要的知识，只学习这部分内容，用多少学多少。例如，算式33×22是乘法，我们先了解乘法的基本运算规则，发现里面需要用到3×2，那么我们只需要掌握这一个乘法算式的答案，最后得出正确结果。

这样做的好处是花费时间较少。这样做的坏处是每次只能解决具体问题，稍微变化就需要学习新的东西。这种方法适合解决个性化复杂问题。

（2）模糊学习。有时候，我们需要学习大量的知识，那么分配给每个知识的时间就非常有限，或者不需要特别精准的结果，这时就需要模糊学习。我们先学习大概的框架，然后先应用，等出现问题或者需要时再进一步学习。例如，算式33×22是两位数乘法，有点难，那么我们可以简化，将算式变成30×20，这样就成了一位数乘法运算，结果是600，比正确答案小了126。在很多情况下，这就足够了。如果想更准确，我们再进行精确学习。

这样做的好处是花费的时间更少，适用范围更大。这样做的坏处是不够精确。这种方法适合解决不需要高准确度的大范围问题。

2）四种学习方法

（1）系统公式法。首先需要系统地阅读本书的内容，掌握基本概念，然后通过我行学习平台进行记忆、测试和练习。

（2）浏览经验法。我会把平时遇到的各种与书中知识点相关的内容发布在微信公众号、知识星球和我行学习平台上（下文作详细介绍）。平时多看看，总能找到与你场景相似的内容，可以直接拿来用。

（3）按需学习法。首先使用检查清单，对照问题检查自己的项目，发现问题后，再从书中找对应的解决方案。

（4）螺旋学习法。最开始你只需要记住基础、需求、信任、助推，以及它们的排列顺序，然后先按照你自己的理解来诠释它们。在应用的过程中，你会总结出一些经验和问题，然后带着这些印象再阅读下一级的内容。

在学习之外，还有一个重要的注意事项就是知识识别。这个问题在理论中不存在，但现实中却经常遇到。正确地识别出知识，我们才能够根据知识做下一步的行动。那么什么是知识识别呢？以刚刚算数题中的数字2为例，在实际中很少有标准的2出现，更多的是如附图5-1所示的样式。例如，左上角第一个2，如果识别成9，那么结果肯定不对。

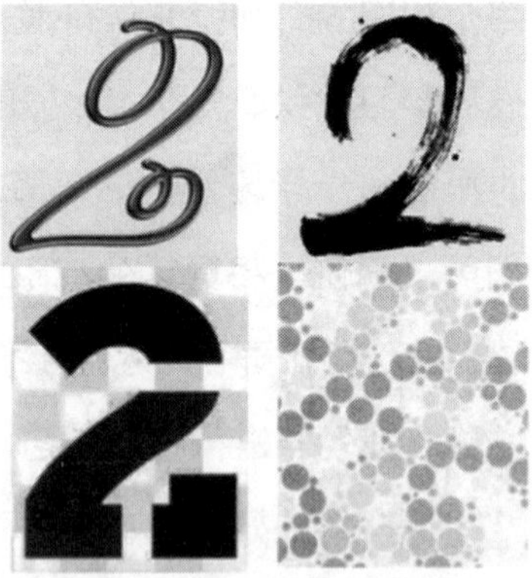
附图5-1　不同形式的2

要在现实中解决知识识别的问题，仅依靠书本上的知识是不够的。我们需要浏览大量案例，找出不同知识在不同场景下的变化，见多才能识广。

2. 学习资源

通过以下这些资源，你可以学到更多营销知识。

1）微信公众号

公众号名称叫“四步营销”。里面记录了我的所见所闻。你可以通过浏览大量案例，掌握书里的各种技巧。在学习上，这叫作“刻意练习”。希望这个公众号能帮你快速进步。

2）知识星球

早在2007年，我每周四晚7点半都会在QQ群答疑。唯一可惜的是QQ群聊天都是即时的，问答内容都没能保留下来。

现在好了，知识星球可以把我们的问题和回答长期保存，让后来加入的学员也能学习。

加入“四步营销”星球能获取书里因篇幅限制而删减的大量知识案例，当遇到各种问题，我会尽力协助解决，还有其他网友帮忙出谋划策，以及在这里能结识更多志同道合的朋友，分享交流在学习营销过程中遇到的趣事。

3）我行学习平台

我行学习平台是集休闲、阅读、笔记功能于一体的综合学习平台。它提供更有效的方法来帮助职场人士实现更高效和有意义的学习。具体解决方案如下：

（1）提供低密度易理解的知识。在精力不足时，我们都喜欢看一些轻松的内容。如附图5-2所示，当你看完网友关于高铁起步的评价后，你会忍不住笑一下，同时也了解了帖子影响你情绪的这一知识点。知识内容通常采用格式化方式显示，只有一页，阅读起来没有压力。

如附图5-3所示，如果没有太多时间，可以先学习框架，了解并应用起来，后面有需求时再学习下一级。

（2）提供多种学习功能。这些功能可以帮助你更好地理解、记忆和测试知识点。如附图5-4所示，不用自己再花时间做思维导图，系统

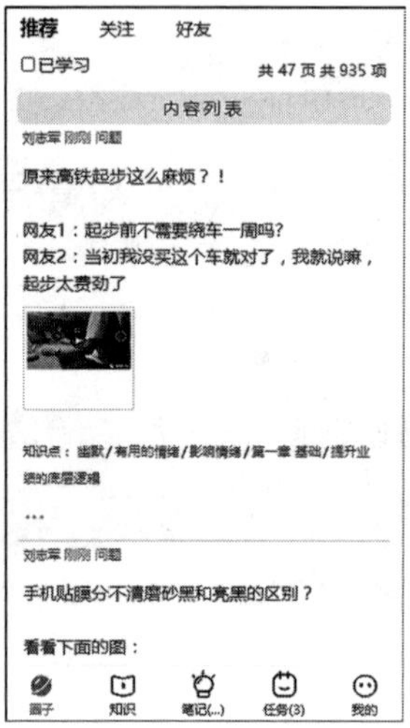

附图5-2 圈子内容

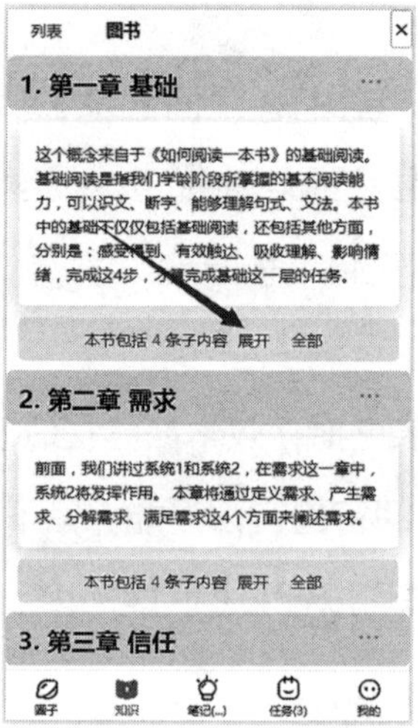

附图5-3 结构化阅读

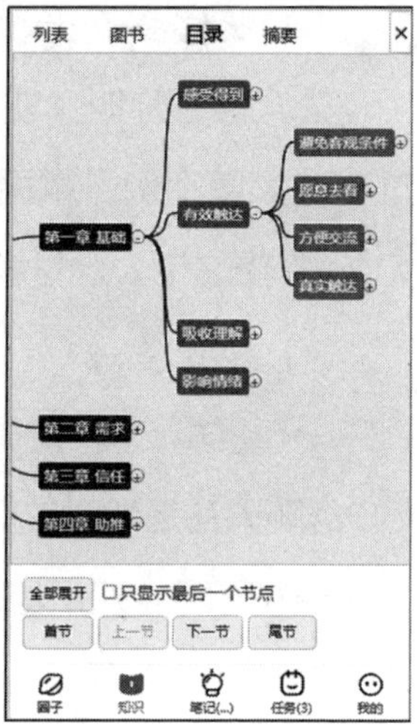

附图5-4 图书思维导图

自带思维导图，节省时间加深理解才是重要的。

如附图5-5所示，对于抽象内容记忆困难，系统包括图形化记忆，让你可以倒背如流。

如附图5-6所示，先看一个例子，然后问你是哪个知识点。如果回答不上来，可以点击“查看知识”按钮，看到答案。通过这样的反向测试，当你再遇到类似的场景时，会立刻想起书上的内容。

如附图5-7所示，使用笔记功能可以把自己遇到的案例、想法记录下来。为了写这本书，我记录了300多项内容。如附图5-8所示，在这里可以添加笔记。

（3）提供全面学习数据。系统会自动统计学习了多少知识、记录了多少笔记，每时每刻都可以看到自己的进步。如附图5-9所示，我在近1000天的时间里，记录了5366条笔记，学习了1402条新知识。每次看到这些数据，我都很有成就感。

经过上述系统化的改进，我们的学习方式将获得很大提升。

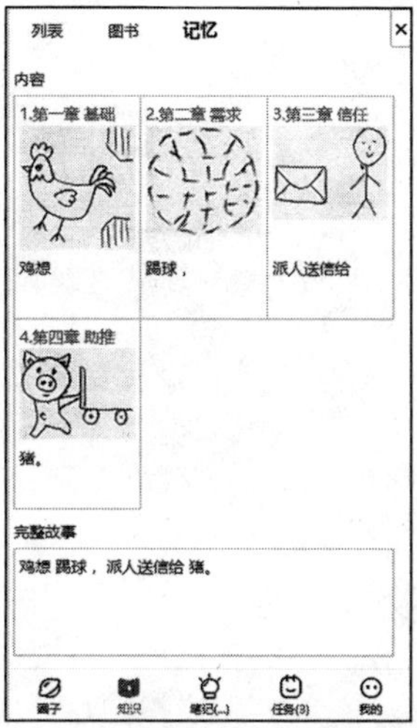

附图5-5　图形化记忆知识点

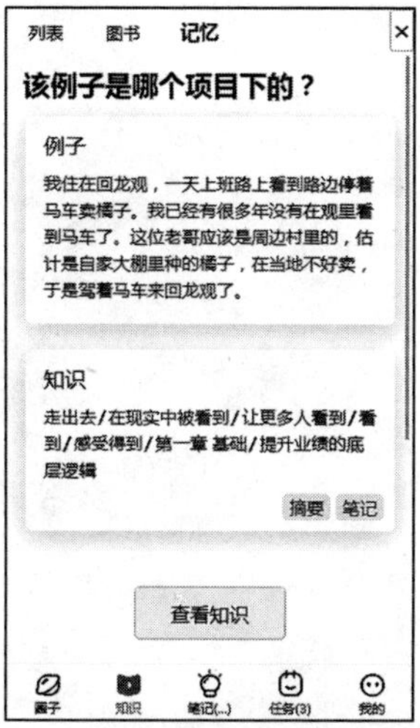

附图5-6　知识点测试

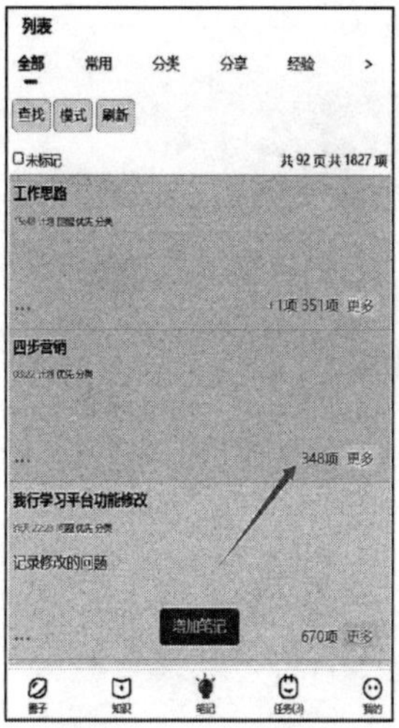

附图5-7　笔记列表

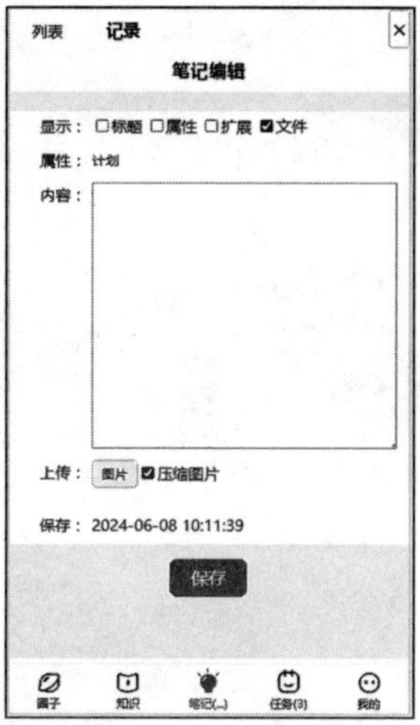

附图5-8　记录笔记

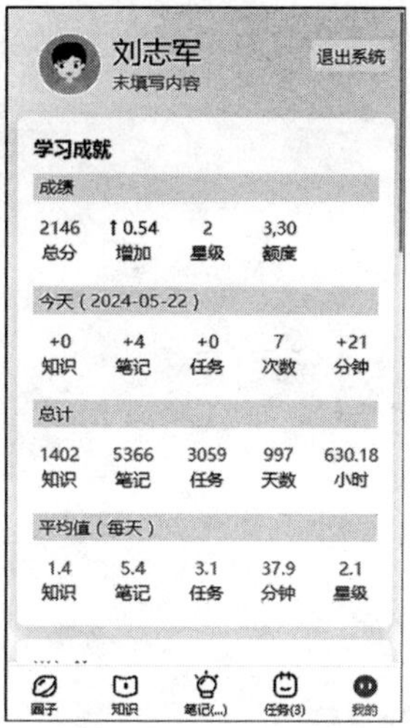

附图5-9　学习成就

后　记

要说我与营销的结缘，得从2007年讲起……当时《网站优化：通过提高Web可用性构建用户满意的网站》这本书对我人生影响很大，从2008年初开始，我便着手开发起了自己的网站系统。在接下来的一年里，我为客户创造了上百万元的销售额，并于2009年获得了天使投资。2011年，为解决转化率问题，又研发出国内领先的用户行为轨迹系统，帮助众多客户提升了销售额，减少了广告浪费，并在2013年再次获得天使投资，2015年获得发明专利。

研究营销的这些年，我始终扎根技术，坚信转化率提升必须打好技术根基，上层框架才能发挥增效作用，否则就是空中楼阁。2019年，我通过研究大量网购行为发现，人们更喜欢先找到符合需求的网站，然后搜索相关信息，接着查看对方诚信表现，最后关注是否有优惠。我们可以将这种行为总结为基础、需求、信任、助推，每步的作用如下：

（1）基础。让客户感受到你和你的产品。

（2）需求。满足客户的需求。

（3）信任。让客户信任你。

（4）助推。促使客户尽快下单。

这便是四步营销方法论的雏形。它曾让网站运营效率翻倍，但随着短视频、直播的崛起，流量被拦腰斩断，这套方法“似乎”跟不上时代需求了。

一次偶然的机会，我在查阅TCP/IP（传输控制协议/因特网互联）协议（后表1）模型时，突然意识到：互联网上所有数据流动都依赖于TCP/IP协议来实现连接传输，特别像营销过程中的信息传递。比如，把“基础、需求、信任、助推”这四个营销步骤对应到TCP/IP的不同层级上，或许能更直观地理解客户从认知到行动的完整链路（见后表2）。

后表1　TCP/IP 协议

层次	TCP/IP 协议	作　用
1	链路层	保证稳定地传输信息
2	网络层	保证传递到正确的地址上
3	传输层	保证传输安全，控制传输流量和速度
4	应用层	给客户提供各种信息服务

后表2　TCP/IP 协议和四步营销的对应关系

层次	TCP/IP 协议	四步营销	作用	举　例
1	链路层	基础层	稳定传输	一家饭店牌子被我看到了
2	网络层	需求层	正确目标	有我想吃的饺子
3	传输层	信任层	维护安全	这家卫生怎么样？需要等位置吗
4	应用层	助推层	提供便利	能不能办会员卡？下次优惠一些

营销活动的底层逻辑与TCP/IP协议的运行机制竟然对应上了，就像是商业世界中一套隐秘而精妙的“语言规则”。当我们用这种视角审视营销，或许能发现更多隐藏的逻辑脉络，让商业实践变得更加高效、精准。

而真正让我下定决心写这本书是在阅读小马宋老师的《营销笔记》后。该书笔记1中第一段内容曾这样写道："你购买了这本讲营销的书，当你翻开本书第一页，我相信你很期待看到一些'干货'。"这一段内容让我信心大增：大家都渴求实战工具，我的这套方法论如果恰好能解日常痛点，何不写成书？于是当天就拟好了章节目录。

这本融合技术思维与实践心得的书，希望能成为从业者提供可复用的决策框架。书中难免存在局限，恳请读者朋友结合实际场景批判吸收，期待与各位共同完善这套方法论。

参考文献

[1] 小马宋.卖货真相[M].北京:中信出版集团,2023.
[2] 小马宋.营销笔记[M].北京:中信出版集团,2022.
[3] 刘志军.从用户研究中获得收益[M].北京:经济日报出版社,2024.
[4] 帕科 · 昂德希尔.顾客为什么购买[M].刘尚焱,译.北京:中信出版集团,2004.
[5] [美]理查德 · 塞勒,卡斯 · 桑斯坦.助推:如何做出有关健康、财富与幸福的最佳决策[M].刘宇,译.北京:中信出版集团,2018.
[6] 蔡怀东.销售就是要会提问[M].北京:北京联合出版公司,2016.
[7] [美]SteveMulder,ZivvYarr.赢在用户:Web人物角色创建和应用实践指南[M].范晓燕,译.北京:机械工业出版社,2007.
[8] [美]莫提默 ·J· 艾德勒.如何阅读一本书[M].郝明义,译.北京:商务印书馆,2004.
[9] [美]罗伯特 ·B· 西奥迪尼.影响力[M].陈叙,译.北京:中国人民大学出版社,2006.
[10] 谢松杰.网站说服力:营销型网站策划[M].北京:电子工业出版社,2014.